AF545892

Gerhard Kardinal Müller

Gottes Gegenwart in Welt und Sakrament

Exerzitien

FREIBURG · BASEL · WIEN

www.herder.de
Umschlaggestaltung: Verlag Herder
Umschlagmotiv: © mauritius images / Jaroslav Girovsky / Alamy / Alamy Stock Photos
Satz: SatzWeise, Bad Wünnenberg
Herstellung: GGP Media GmbH, Pößneck
Printed in Germany
ISBN Print 978-3-451-39478-2
ISBN E-Book (PDF) 978-3-451-82976-5
ISBN E-Book (E-Pub) 978-3-451-82977-2

Inhalt

Einführung: Wozu Geistliche Exerzitien?

In die Clear Creek Abbey (Oklahoma) war ich 2021 eingeladen, ihren 60 Mönchen die jährlichen Exerzitien zu predigen. Das Leitmotiv war die reale Präsenz Gottes in der Schöpfung, der Kirche und der Eucharistie. Im Herbst des folgenden Jahres führte ich in der polnischen Diözese Tarnóv mit 400 Priestern die gleichen Geistlichen Übungen durch. Warum predigen wir die Exerzitien, statt sie bloß zu geben, so wie man in der christlichen Kunst die Ikonen nicht – wie man annehmen könnte – malt, sondern schreibt?

Die Antwort ist einfach. Es geht nicht um die intellektuelle Darlegung eines theologischen Sachverhaltes, sondern um die Hin-führung zu einer Person, auf die man im Leben und Sterben seine ganze Hoffnung setzt. Exerzitien sind ein Wechselspiel zwischen Prediger und Hörer in der Verkündigung und Bezeugung des Mysteriums unserer Erlösung durch Jesus Christus und unserer Erhöhung zur Gotteskindschaft und Gottesfreundschaft. Es ist so wie zu Beginn des öffentlichen Wirkens Jesu. Ein Jünger führte den anderen zu Jesus mit den Worten „Komm und sieh!“ (Joh 1,42.48). Das Ziel hingegen unserer Begegnung mit Jesus von Nazareth kann nur die Erkenntnis sein: „Rabbi, Du bist der Sohn Gottes, der König von Israel!“ (Joh 1,49). Und Jesus, das Fleisch gewordene Wort, der Sohn des Vaters, lässt uns bei sich wohnen, damit wir mit ihm vertraut werden. Es tröstet uns in der Not dieser Weltzeit mit der Aussicht auf die Erlösung: „Im Hause meines Vaters gibt es viele Wohnungen ... Wenn jemand mich liebt, wird er mein Wort halten, mein Vater wird ihn lieben und wir werden zu ihm kommen und bei ihm Wohnung nehmen" (Joh 14,2.23).

Diese Wahrheit gilt es sich geistlich und real anzueignen in einem Leben der Nachfolge des gekreuzigten und auferstandenen Herrn. Die Gestalt Jesu, soll sich unserer Seele ein-prägen und in unserem Leben aus-prägen.

Jeder Prediger der Exerzitien möchte den Hörern seiner Worte, die nur Medium des unmittelbaren Wortes Gottes an jeden Gläubigen sein können, von Herzen bitten: „Seid untereinander so gesinnt, wie es dem Leben in Christus Jesus entspricht" (Phil 2,5).

Dem hl. Ignatius von Loyola verdanken wir die methodische Ausführung der „Geistlichen Übungen, um über sich selbst zu siegen und sein Leben zu ordnen." Zu Beginn seines Exerzitien-Buches bietet er uns folgende Definition an:

„Unter dem Namen geistliche Übungen versteht man jede Art, das Gewissen zu erforschen, sich zu besinnen (meditar), zu betrachten (contemplar), mündlich und rein geistig (mental) zu beten und andere geistliche Tätigkeiten ... Denn so wie Spazierengehen, Marschieren und Laufen körperliche Übungen sind, gleicherweise nennt man geistliche Übungen jede Art, die Seele vorzubereiten und diese bereit zu machen (disponer), alle ungeordneten Neigungen (affecciones) von sich zu entfernen und nachdem sie abgelegt sind, den göttlichen Willen zu suchen und zu finden in der Ordnung (disposición) des eigenen Lebens zum Heil der Seele ... nicht das Vielwissen sättigt und befriedigt die Seele, sondern das Verspüren (sentir) und Verkosten (gustar) der Dinge von innen her (internamente)."[1]

Unverkennbar greift Ignatius hier auf das paulinische Bild vom Wettlauf (1Kor 9,24–27; Hebr 12, 1–3) oder geistlichen Kampf (der militia Christi) auf (Eph 5,14–20). Das Ziel dieser Kraftanstrengungen und Opfer aber ist nicht der Triumph über „andere Menschen aus Fleisch und Blut" (Eph

6,12) wie in einem „Krieg“[2], sondern der Sieg über sich selbst und seinen Egoismus, über das Gefühl die Verlorenheit in die Welt und die Not der Gottvergessenheit.

Es geht in den Geistlichen Exerzitien nur um das Eine und Ganze, was wir mit dem hl. Paulus so ausdrücken: „Christus will ich erkennen und die Macht seiner Auferstehung und die Gemeinschaft mit seinem Leiden, indem ich seinem Tod gleichgestaltet werde. So hoffe ich, auch zur Auferstehung von den Toten zu gelangen. Nicht, dass ich es schon erreicht hätte oder dass ich schon vollendet wäre. Aber ich strebe danach, es zu ergreifen, weil auch ich von Christus ergriffen worden bin ... Ich vergesse, was hinter mir liegt, und strecke mich nach dem aus, was vor mir ist. Das Ziel vor Augen, jage ich nach dem Siegespreis: der himmlischen Berufung Gottes in Christus Jesu“ (Phil 3,10–14).

Geistliche Exerzitien sind Heilmittel gegen das Gefühl nihilistischer Verlorenheit in der grenzenlosen Ausdehnung von Raum und Zeit. Wir werden gewarnt vor dem trügerischen Gefühl der Nirwana-haften Verschmelzung mit dem absoluten All-Einen, wie in Baruch de Spinozas (1632–1677) göttlicher ALL-Natur (Deus sive substantia sive natura). Christliche Mystik und Aszese sind das Gegenteil von einem selbst-referentiellen Narzissmus und dem frommen Selbstgenuss auf Egotrip. Es geht nicht um Wellness-Programme für die Seele, die sich in der Hängematte des Subjektivismus „baumeln“ lässt. Von der östlichen Mystik der über-personalen, in Wahrheit aber a-personalen Transzendenz ins Nichts können wir nur das eine lernen, wie sie nämlich zugunsten der personalen Begegnung mit dem Gott der dreifaltigen Liebe radikal zu überwinden ist.

Die Kirchenväter haben die neuplatonische Mystik des großen Plotin (205–270 n.Chr.) von dem überpersonal Einen jenseits des Seins als Ahnung und Sehnsucht der Philosophen verstanden, die die Weisheit lieben und sie nur erstreben können, weil sie schon von ihr (anfänglich) erfüllt sind. Sie überwanden damit das heidnische Ressentiment gegen die Gegenwart Gottes in unserem Fleisch in eine Mystik der personalen Liebe von Du zu Du. Durch die Vermittlung seiner angenommenen menschlichen Natur sind wir (sakramental und personal) einbezogen in die Relation des ewigen Sohnes zum Vater in der Gemeinschaft des Heiligen Geistes. Die christliche Spiritualität hat ihren Ursprung im ewigen Sein und Wesen Gottes. Sie nimmt ihr unmessbares Maß an der Liebe, die Gott in der Einheit von Vater und Sohn und Heiligem Geist ist. Wir würden Gott nicht suchen, wenn er uns nicht schon gefunden hätte, damit wir uns selbst in ihm finden. Auf dem Areopag Athens, der die ganze Wahrheitssuche des griechischen Geistes vom Mythos der Orphiker zum Logos der Vorsokratiker, bis zu Sokrates, Platon und Aristoteles repräsentiert, formulierte Paulus die Vermählung von Vernunft und Offenbarung, von Natur und Gnade: „Sie sollten Gott suchen, ob sie ihn ertasten und finden könnten; denn keinem von uns ist er fern. Denn in ihm leben wir, bewegen wir uns und sind wir; wie auch einige von euren Dichten gesagt haben: Wir sind von seinem Geschlecht – seinem génos“ (Apg 17,27 f.).

Wir sind nicht mehr „Sklaven der Elementarmächte“ – wie es uns die neuheidnische „Religionen“ von neuem aufdrängen möchten. Wir sind vielmehr freigekauft vom nihilistischen Gesetz der Vergänglichkeit, weil wir die Gottes-Sohnschaft erlangt haben. Paulus sagt uns Christen: „Weil ihr aber Söhne seid, sandte Gott den Geist seines Sohnes in unsere Herzen, den Geist, der ruft: Abba, Vater. Daher bist du nicht mehr Sklave, sondern Sohn; bist du aber Sohn, dann auch Erbe, Erbe durch Gott“ (Gal 4,4–7).

Nicht die bigotte Rührung der Gefühle, sondern die Befreiung des Verstandes und Willens aus dem goldenen Käfig der Selbstreferenz ist das Ziel und damit der Weg in die freie

Luft des Objektiven, des Realen, des Seienden, des Konkreten und Leiblichen. Im dreifaltigen Gott sind die theologia cognitiva und die theologia affectiva in der Gemeinschaft des Wortes und des Geistes ur-sprünglich vereint.

Mit Jesus erheben wir unsere Augen zum Himmel und hören seine Stimme, wenn er sagt: „Vater, die Stunde ist gekommen. Verherrliche deinen Sohn, damit der Sohn dich verherrlicht! Denn du hast ihm Macht gegeben über alle Menschen, damit er allen, die du ihm gegeben hast, ewiges Leben schenkt. Das aber ist das ewige Leben: dass sie dich, den einzigen und wahren Gott, erkennen und den, den du gesandt hast, Jesus Christus" (Joh 17,1–3). Es geht um die Erkenntnis Gottes in seinem WORT und um die schenkende Liebe seines GEISTES. Er wartet auf unsere antwortende Liebe zu IHM im Geist des Vaters und des Sohnes.

„Gleicht euch nicht dieser Welt an, sondern lasst euch verwandeln durch die Erneuerung des Denkens, damit ihr prüfen und erkennen könnt, was der Wille Gottes ist: das Gute, das Wohlgefällige und Vollkommene!" (Röm 12,2).

Wir sind bereit zur Ein-Formung des inneren und äußeren Menschen in der Gleichgestalt mit Christus im Heiligen Geist. „Ahmt Gott nach als seine geliebten Kinder und führt euer Leben in Liebe, wie auch Christus uns geliebt und sich für uns hingegeben hat als Gabe und Opfer, das Gott gefällt!" (Eph 5,1 f.).

Betrachten wir das ganze Sein und Leben des irdischen Jesus als die menschliche Vermittlung in die Unmittelbarkeit zu Gott. Denn er sagt zu uns: „Wer mich sieht, sieht den Vater" (Joh 14,9).

Der hl. Ignatius hat an den Beginn seiner Exerzitien das Gebet „Anima Christi" gestellt. Damit öffnen wir unser Herz für den „Sohn Gottes, der mich geliebt und sich für mich dahingegeben hat" (Gal 2, 20) – „als Gabe und Opfer, das Gott gefällt" (Eph 5,1).

Seele Christi, heilige mich.
Leib Christi, rette mich.
Blut Christi, tränke mich.
Wasser der Seite Christi, wasche mich.
Leiden Christi, stärke mich.
O guter Jesus, erhöre mich.
Birg in deinen Wunden mich.
Von dir lass nimmer scheiden mich.
Vor dem bösen Feind beschütze mich.
In meiner Todesstunde rufe mich,
zu dir zu kommen heiße mich,
mit deinen Heiligen zu loben dich,
in deinem Reiche ewiglich. Amen

Prolog: Sein Name ist Immanuel – Gott mit uns (Mt 1,23)

Gegen das Konzept der Weltferne Gottes oder seiner Nähe in weltloser Innerlichkeit ist festzustellen, dass die Transzendenz Gottes im christlichen Sinne nicht seine Beziehungslosigkeit zur Welt meint, wie das beim ersten unbewegten Beweger des Aristoteles der Fall ist. Die Erkenntnis der Transzendenz Gottes ist die Erfahrung der Freiheit des absolut von der Welt unabhängigen Gottes, der mit uns in ein personales Verhältnis der Liebe eintreten will. Er allein kann von sich souverän sagen: „Ich bin ein Gott aus der Nähe und aus der Ferne." (Jer 23,23)

Gott, der ganz Andere – totaliter aliud – ist derselbe, der den Namen trägt:

Immanuel – Gott mit uns.

Der ganz Andere ist auch der Nicht-Andere, non-aliud. Er ist einer von uns.

Christus Jesus „war Gott gleich, hielt aber nicht daran fest, Gott gleich zu sein, sondern entäußerte sich und wurde wie ein Sklave und den Menschen gleich. Sein Leben war das eines Menschen." (Phil 2,6 f.). Das ist das Mysterium der Menschwerdung Gottes, das sich in der Gott-menschlichen Einheit Christi, des Sohnes Gottes, der zweiten Person der Trinität offenbart. Der Glaube der Kirche fasst dieses theandrische Mysterium in die Formel des Dogmas von der hypostatischen Union der beiden Naturen der wahren Gottheit und wahren Menschheit Christi.

Der vom Heiligen Geist empfangene und geborene Sohn der Jungfrau Maria ist der Mensch gewordene Sohn des ewigen Vaters. In seiner menschlichen Natur (mit individueller Seele und Leib) erfahren und erkennen wir die Nähe des dreifaltigen Gottes. Jesus der Christus ist der Gott-mit-uns, der Deus nobiscum (vgl. Mt 1,23).

Als der auferstandene Herr seine Jünger aussendet zur Predigt des Evangeliums und zur zeichenhaften und wirksamen Vermittlung der Gnade in der Taufe und den anderen Sakramenten, offenbart er sich als der Christus praesens, als Haupt der Kirche und des ganzen Kosmos: „Und siehe, ich bin mit euch alle Tage bis zum Ende der Welt – et ecce ego vobiscum sum omnibus diebus, usque ad consummationem saeculi!" (Mt 28,20).

Nach katholischem Glauben sind die Sakramente Zeichen, die das bewirken, was sie bezeichnen. Und darum ist die leibliche, sinnenhaft vermittelte reale Präsenz in der Kirche, dem Leib Christi, instrumentaliter heilsnotwendig. „Wie nämlich die angenommene Natur dem göttlichen Wort als lebendiges, ihm unlöslich geeintes Heilsorgan dient, so dient auf eine ganz ähnliche Weise das gesellschaftliche Gefüge der Kirche dem Geist Christi, der es belebt, zum Wachstum seines Leibes."[3] Denn die Kirche ist der Leib Christi sowohl in seiner sozialen Gestalt als Gemeinschaft des Glaubens, der Hoffnung und der Liebe, als auch in seiner hierarchisch-sakramentalen Verfassung. In einer Predigt zum Fest Christi Himmelfahrt gab Papst Leo der Große die Antwort auf die Frage, wie die sichtbare Präsenz des Mensch gewordenen Sohnes Gottes, der nach seiner Auferstehung von den Toten zur Rechten des Vaters im Himmel sitzt: „Was also an unserem Erlöser sichtbar war, ist übergegangen in die Sakramente. Damit unser Glaube verdienstlicher und fester würde, ist an die Stelle der sinnlichen Wahrnehmung die Lehre getreten, deren gewichtigem Worte die vom himmlischen Strahlen erleuchteten Herzen der Gläubigen folgen sollen."[4]

Der inneren Gnadenwirklichkeit der Sakramente kann der einzelne gläubige Christ ausnahmsweise nur dann rein geistig teilhaftig werden in den göttlichen Tugenden von Glauben, Hoffnung und Liebe, wenn er aus einem gerechten und schwerwiegenden Grund nicht leibhaftig in der kirchlichen Versammlung und ihrer Göttlichen Liturgie präsent sein kann. Die Gnade in ihrer sakramentalen Gestalt wird aber nur vermittelt, wenn der Kandidat für die Taufe, für die Firmung und für das Sakrament der Weihe persönlich leibhaft präsent ist und wenn der Spender der Sakramente ihn mit der Materie der Sakramente, dem Wasser, dem Salböl, der Handauflegung leiblich berührt. „Wir haben Gemeinschaft mit dem Vater und seinem Sohn Jesus Christus“ nur, indem die Apostel und ihre Nachfolger uns verkünden und bezeugen, was sie mit ihren Augen *gesehen*, mit ihren Ohren *gehört* und mit ihren Händen *berührt* haben: „Das Wort des Lebens ... das ewige Leben, das beim Vater war und uns erschienen ist“ (1Joh 1,1.3).

Nur in einem platonisch-dualistischen oder gnostischen-manichäischen oder Geist-Natur-dialektischen Vorverständnis überhaupt kann die Inkarnation abgewertet werden als eine bloße Metapher für die Präsenz Gottes in unserer subjektiven Ideenwelt. Die Sakramente gelten dort folglich nur als sekundäre Stützen einer transzendentalen Einheit mit Gott im Bewusstsein oder der Intuition religiöser Gefühle und nicht als das, was sie in Wahrheit sind, die leibliche Berührung und reale Gemeinschaft mit Gott in unserem Fleisch.

Auch die Wirkweise der Gnadenvermittlung bei Präsenzgottesdiensten und virtuellen Liturgien ist verschieden. Während die leibhaftige Teilnahme am Messopfer ex opere operato, also objektiv, die heiligmachende Gnade erwirkt, kann die intentionale Teilnahme an der Messe über das Fernsehen nur ex opere operantis, also in subjektiver Frömmigkeit, helfende Gnade vermitteln. In der Präsenzliturgie wird die heiligmachende Gnade sakramental mitgeteilt, während bei einer virtuellen Teilnahme uns nur kraft der frommen Gesinnung helfende Gnade zuteil wird. Denn wir haben nicht sakramental teil am Kreuzesopfer Christi und können nicht mündlich die hl. Kommunion empfangen.

Nicht zu vergessen ist aber die Glaubenswahrheit, dass die res sacramenti dem Glaubenden zuteil werden können, wenn er ohne eigene Schuld etwa die sakramentale Taufe und Absolution nicht empfangen kann, aber den Vorsatz hat, die sakramentale Heilsvermittlung bei nächster Gelegenheit nachzuholen. Dies beschränkt sich allerdings nur auf die Sakramente, die zum persönlichen Heil notwendig sind, und bezieht sich nicht auf die Firmung, Eucharistiefeier oder gar auf die Priesterweihe.

Das Wesentliche des Christseins besteht nicht in einer theoretischen Erfassung der Wirklichkeit und ihrer Darstellung in unseren Gedanken, in einem ethischen Lebensentwurf oder in einer sozialethischen Agenda zur Weltverbesserung. Was den Christen ausmacht, ist die Erhebung zur realen Teilnahme an der göttlichen Natur, die sich in den Relationen von Vater und Sohn und Heiligem Geist vollzieht. Durch die eingegossenen göttlichen Tugenden von Glauben, Hoffnung und Liebe erkennen wir im Logos Gott so, wie er sich selbst erkennt. Wir lieben mit dem Heiligen Geist in unseren Herzen Gott so, wie er in der Einheit von Vater und Sohn im Heiligen Geist selber Liebe ist und sich uns mitteilt. So haben wir es im Glauben mit der Realität Gottes zu tun, indem wir aktuell und real bestimmt sind durch die drei wesentlichen Heilsgeheimnisse: das Mysterium Trinitatis, das Mysterium Incarnationis Verbi Divini und das Mysterium inhabitationis Dei in cordibus nostris.

Wir berühren hier die fundamentalsten Seins- und Erkenntnisprinzipien des katholischen Glaubens: die Realität Gottes in sich und seine Präsenz bei uns. Im Hinblick auf ihre äußerste Verdichtung und Synthese sprechen wir von der Realpräsenz Christi in der Eucharistie, wenn der Gott-Mensch in der Kirche, seinem sozialen Leib, gegenwärtig ist unter den Gestalten von Brot und Wein mit der ganzen Substanz seiner menschlichen Natur, die in der göttlichen Person des Logos – untrennbar von seiner göttlichen Natur – mitten unter wohnt. Die vollständige Realität des Heils und der Erlösung ist ausgesprochen im Wort seiner Selbstoffenbarung: „Ich bin das lebendige Brot, das vom Himmel herabgekommen ist. Wer von diesem Brot isst, wird leben in Ewigkeit. Das Brot, das ich geben werde, ist mein Fleisch für das Leben der Welt" (Joh 6,51).

Das katholische Prinzip ist in höchster Kühnheit ausgesprochen, wenn das Konzil von Trient im 1. Canon des Eucharistie-Dekretes die geschichtliche Gegenwart Gottes im historischen Menschen Jesus von Nazareth und seine aktuale Präsenz im ekklesialen Leib, der Kirche, gipfeln lässt in der sakramentalen Realpräsenz des ganzen Christus in seiner Gottheit und Menschheit. Katholisch ist nur, wer bekennt, dass im Sakrament der allerheiligsten Eucharistie der Gott-Mensch „wahrhaft, wirklich und wesentlich gegenwärtig ist – vere, realiter et substantialiter."[5] Ausgeschlossen von der katholischen Gemeinschaft ist jeder, der behauptet, dass Christus in der Eucharistie nur in einem Zeichen und Abbild oder lediglich der Wirkung nach, d. h. virtuell, in den Elementen von Brot und Wein enthalten sei und der damit ihre Wesensverwandlung – die Transsubstantiation – in die Substanz des Fleisches und Blutes Christi leugnet.

Gott geht nicht auf Distanz zu uns. Er vermeidet nicht den Kontakt mit uns. Er berührt und umarmt uns. „Mit Küssen seines Mundes bedeckt er uns" (Hld 1,2). Und der am Kreuz erhöhte Sohn Gottes zieht alle an sich (vgl. Joh 12,32) und öffnet ihnen sein göttliches Herz (vgl. Joh 19,34). „Denn die Liebe Gottes ist ausgegossen in unsere Herzen durch den heiligen Geist, der uns gegeben ist." (Röm 5,5) Zum zweifelnden Apostel Thomas sagt der auferstandene Herr: „Streck deine Hand aus und leg sie in meine Seite und sei nicht ungläubig, sondern gläubig" (Joh 20,27). Möchten wir doch überwältigt von solcher Zuwendung antworten: „Mein Herr und mein Gott" (Joh 20,28). Ja, wir dürfen Gott berühren in dem menschlichen Leib, den sein Sohn aus der Jungfrau Maria angenommen hat. „Denn uns ist die Erkenntnis des göttlichen Glanzes aufgestrahlt auf dem (menschlichen) Antlitz Christi." (2Kor 4,6) Dass die leibliche Präsenz Gottes in Christus, dem verbum incarnatum, Medium und Ziel des Heilshandelns Gottes und damit das Wesentliche des christlichen Glaubens ist, hat schon Tertullian in seiner Schrift „Über die Auferstehung der Toten" in das bekannte Wort gefasst:

Caro cardo salutis –
Das Fleisch ist der Dreh- und Angelpunkt des Heils.[6]

1. Im Anfang war das Wort (Joh 1,1)

In einem überragenden Werk der Weltliteratur lässt Johann Wolfgang Goethe (1749–1832), der größte deutsche Dichter, den Helden seiner Tragödie sich abmühen an der Übersetzung des fundamentalsten Satzes der Heiligen Schrift und der gesamten Geistesgeschichte der Menschheit: Ἐν ἀρχῇ ἦν ὁ λόγος – in principio erat verbum. „Im Anfang war das Wort und das Wort war bei Gott und das Wort war Gott." (Joh 1,1) Darin ist die ganze Wahrheit des christlichen Glaubens beschlossen und der „Anfang des Evangeliums von Jesus Christus, Gottes Sohn" (Mk 1,1).

Der Magister ‚Faust' ist ein mittelmäßiger Professor, der auch Magie, Esoterik und die Gnosis oder New Age nicht scheut, ein Grübler, der „erkennen will, was die Welt im Innersten zusammenhält."[7] Seine Schule, die ihm die tiefsten Einsichten in das Sein vermitteln soll, ist aber nicht das wirkliche Leben, so wie es Millionen Menschen zu bewältigen haben zwischen dem Alltag voller Mühen und Leiden und den Hoch-Zeiten von Hoffnung und Liebe. In seinem engen und staubigen Studierzimmer schraubt sich der Eigenbrötler von trockenem Bücherwissen hoch in den luftleeren Raum der Ideologie. Im Zwielicht von Wissenschaft und Magie verliert er den Boden der Wirklichkeit unter den Füßen. Seine Seele schwingt sich in einem Höhenflug der Gedanken und Gefühle aus den Niederungen des Alltags auf zu den hohen Ideen des Wahren, Guten und Schönen. Im sentimentalen Höhenrausch öffnet sich ihm plötzlich der Sinn für das Überirdische. Seine Sehnsucht nach der Erkenntnis des Seins drängt ihn, den Grundtext der Offenbarung aufzuschlagen. Er will das Neue Testament gemäß dem griechischen Original in sein „geliebtes Deutsch" übertragen. Gemeint ist hier nicht „deutsch“ im philologischen Sinn als eine beliebige europäische Sprache, sondern die Bildungs-Welt des subjektiven, objektiven und absoluten Idealismus in der Deutschen Philosophie, der Romantik und Klassik in Literatur und humanistischer Kultur. Man hatte die christliche Botschaft als vermeintlich überwundene Stufe in der Evolution des menschlichen Bewusstseins hinter sich gelassen. Aufgeklärt war man vernunftstolz und fortschrittsgläubig aus dem dunklen Mittelalter hineingeschritten in die neue und helle Zeit des vorurteilsfreien Denkens. Endlich war die moralische Höhe des autonomen Menschen erklommen, der sich selbst Schöpfer und Gott ist. Man lebte nicht mehr dankbar-eucharistisch aus der Fülle der Gnade, durch die Gott uns vollkommen macht. Um die Notwendigkeit der Gnade für die Vollendung des Menschen zu umgehen, beschränken wir uns – so lautete das neue Credo – bescheiden auf das unendliche Streben nach dem Göttlichen. Dem Göttlichen jenseits des personalen Gottes der jüdisch-christlichen Tradition ist es aber verwehrt, uns mit einem konkreten Wahrheitsanspruch auf den Leib zu rücken und so nahe zu kommen, dass wir uns entscheiden müssen, ob wir uns in kindlichem Vertrauen und Gehorsam ihm ganz in Verstand und Willen übereignen.[8] Auf dem Weg zu Selbstvervollkommnung der Menschheit wird der Glaube an den Gott Jesus Christi ersetzt durch den Glauben an den grenzenlosen moralischen und technischen Fortschritt. Erinnert sei nur an das Drei-Stadien-Gesetz des französischen Religionskritikers und des selbstberufenen Hohenpriesters der neuen Religion des Positivismus Auguste Comte (1798–1857). Die Menschheit entwickle sich in Analogie zum menschlichen Reifungsprozess vom unmündigen Kind zum autonomen Erwachsenen in drei Schritten: vom theologisch-fiktiven Stadium über die metaphysische-abstrakte Phase schließlich zum positiv-wissenschaftlichen

Endzustand. Dann wird die Menschheit sich selbst ihr Gott sein. Dann hätten wir den Gott der Metaphysik und der Offenbarung als ein pädagogisches Hilfsmittel hinter uns gelassen. Wem entgeht hier der spöttische oder mitleidige Zwischenton, zu dem sich aufgeklärte Intellektuelle den Christen gegenüber berechtigt fühlen?

Es ist eine bildungsbürgerliche Welt, die den Wahrheitsanspruch des christlichen Glaubens mit maliziöser Skepsis hinter sich gelassen hat und die Welt pankosmisch oder das Göttliche pantheistisch interpretiert. Oder man identifiziert Gott und die Welt miteinander als den unendlichen Horizont, der sich nur in poetischen Metaphern und symbolischen Repräsentationen erschließt.

Der Doktor Faust, der die nachchristliche Kultur vertritt, spielt auf das ewige Problem an, ob in einer Übersetzung der ursprüngliche Sinn objektiv erschlossen oder subjektiv als je meine Wahrheit konfiguriert wird. Die höhere Möglichkeit einer inneren Beziehung von ontologischer und logischer Wahrheit, dass also das Sein der Wahrheit in ihrer eigenen Gelichtetheit begründet und darum auch mitteilbar ist, zieht er nicht in Betracht.

Die Wahrheit ist dagegen nicht ein unerreichbarer leerer Horizont, sondern Gott als Person, die mit anderer Person kommuniziert. Die Wahrheit ist kein Horizont, in dem das Licht endlicher Geister niemals die Dunkelheit über dem Abgrund des Nichts vertreiben oder „die Tragödie des Humanismus ohne Gott“[9] verhindern könnte. Denn nach Nietzsches Feststellung „Gott ist todt! Gott bleibt todt. Wir haben ihn getödet!“[10], bleibt nur der Nihilismus „in seiner furchtbarsten Form: das Dasein, so wie es ist, ohne Sinn und Ziel, aber unvermeidlich widerkehrend, ohne ein Finale ins Nichts: ‚die ewige Wiederkehr‘. Das ist die extremste Form des Nihilismus: das Nichts (‚das Sinnlose‘) ewig!“[11]

Nach den Exzessen des *„Übermenschen“*[12] seit seiner Geburt im Laboratorium der Selbstvergötzung sollten wir es bescheidener versuchen mit dem *„Neuen Menschen,* der nach dem Bild Gottes geschaffen ist in wahrer Gerechtigkeit und Heiligkeit“ (Eph 4,24; vgl Kol 3,10).

Die Wahrheit ist kein Produkt, sondern die Gabe der Erleuchtung. „Der Herr aber ist der Geist, wo aber der Geist des Herrn ist, da ist Freiheit. Wir alle aber schauen mit enthülltem Angesicht die Herrlichkeit des Herrn wie in einem Spiegel und werden so in sein eignes Bild verwandelt, von Herrlichkeit zu Herrlichkeit, durch den Geist des Herrn.“ (2 Kor 3,17 f.).

Konkret wirkt die Wahrheit als das Licht Gottes in der Person des Wortes, das in die Welt gekommen ist. Christus ist „wahrer Gott von wahrem Gott und wahres Licht von wahrem Licht.“ Deshalb konnte der Apostel den Ephesern schreiben: „Einst wart ihr Finsternis, jetzt aber seid ihr Licht im Herrn. Lebt als Kinder des Lichts! Denn das Licht bringt lauter Güte, Gerechtigkeit und Wahrheit hervor ... Alles Erleuchtete ist Licht. Deshalb heißt es: Wach auf, du Schläfer, und steh auf von den Toten, und Christus wird dein Licht sein“ (Eph 5,8 f.; 13 f.).

Gott ist selbst die Wahrheit, in der er sich unendlich erkennt und in der er sich auch einem endlichen Verstand mitteilen kann. So ist seine Wahrheit auch in menschlicher Sprache aussagbar und – abgeleitet davon – auch sowohl in einem gedruckten als auch in einem digitalen Medium darstellbar. Die analogia entis als Grundlage der analogia fidei ist deshalb kein philosophisch getarnter Anthropomorphismus, weil der Schöpfer der Sprache selbst das Wort ist. Gott spricht zu uns in unserer Sprache, die als Selbstausdruck des geistigen Ich-Seins unser Menschsein ausmacht. Erst sekundär wird die transzendentale Sprachlichkeit kategorial in den tatsächlichen gesprochenen Einzelsprachen. Gott „sieht" uns mit seinen „Augen", weil er sich im Wort selbst erkennt. Er „hört" unser Rufen und „fühlt" in seinem göttlichen „Herzen" mit uns Freuden und Leiden, weil er als Sym-pathie die Liebe des Vaters zum Sohn im Heiligen Geist wesenhaft ist. Weil unser geschaffener Leib mit seinen Sinnen Ausdruck unseres Geistes ist, sind wir durch die Vermittlung der sinnenhaft erfassten Welt hörend und sehend ganz offen für Gottes Selbstmitteilung in seinem WORT und GEIST. Den Vertretern der Projektionstheorie rief schon der Psalmist entgegen: „Begreift doch, ihr Toren im Volk! Ihr Unvernünftigen, wann werdet ihr klug? Sollte der nicht hören, der das Ohr gepflanzt hat, sollte der nicht sehen, der das Auge geformt hat?" (Ps 94,8 f.).

Gott ist Geist und Wort. Darum ist das Erkennen des geistigen und im Wort kommunikativen Geschöpfs nicht eine primitive Übertragung menschlicher Eigenschaften auf Gott. Analoges Reden von Gott ist die Einsicht, dass alle sinnliche Erkenntnis in der geistigen Natur des Menschen wurzelt, die ein Abbild des Seins und Sich-Selbst-Erkennens Gottes ist. „Gott ist Geist", und darum kann er „in Geist und in Wahrheit" erkannt und angebetet werden (vgl. Joh 4,23). Gott wohnt in unzugänglichem Licht (vgl. 1Tim 6,16) und keiner hat Gott je mit seiner natürlichen sinnenhaft-geistigen Erkenntniskraft gesehen und erkannt. Aber der Sohn, am Herzen des Vaters, das Wort, das Gott ist, hat uns in Jesus Christus Kunde und damit in seinem göttlichen Licht (vgl. Joh 1,8) wahre Gottes-Erkenntnis gebracht (vgl. Joh 1,18). Durch das geist-leibliche Erkenntnisbild der Menschheit Jesu gelangen wir zur Erkenntnis seiner Gottheit und damit in seine Relation zum Vater. Im großen Jubelruf sagt Jesus: „Niemand kennt den Sohn, nur der Vater, und niemand kennt den Vater, nur der Sohn und der, dem es der Sohn offenbaren will" (Mt 11,27; vgl. Lk 10,22).

Für den inkarnatorisch gegründeten Glaubensakt und die übernatürliche, d.h. vom Geist eingegossene Erkenntnis der Mysterien Gottes wie auch für die sakramentale Vermittlung der Gnade an den Menschen in seiner sinnenhaften, sozialen und geistigen Natur gilt also der universale Grundsatz der philosophischen und theologischen Erkenntnislehre: per visibilia ad spiritualia. Durch Worte und Zeichen kommt der menschliche Geist – seiner leiblichen Verfassung entsprechend – zur Erkenntnis geistiger Realitäten und schließlich zur Erkenntnis Gottes.[13] Wir sehen Jesus und erkennen Gott. Denn er sagt: „Wer mich sieht, sieht den Vater" (Joh 14,9) und „Ich und der Vater sind eins" (Joh 10,30).

Der hl. Augustinus bringt die wechselseitige Vermittlung der Wahrheit im Gott-Menschen Jesus Christus schlüssig auf den Begriff: „Damit aber der [menschliche] Geist auf diesem Weg des Glaubens voll Zuversicht zur Wahrheit hin sich bewege, so hat die Wahrheit selbst, Gott, der Sohn Gottes, indem er die Menschheit anzog, ohne die Gottheit auszuziehen, eben diesen Glauben festgesetzt und begründet, damit der Mensch zum Gott des Menschen einen Weg habe durch den Gottmenschen Denn dieser ist ‚der Mittler zwischen Gott und den Menschen, der Mensch Christus Jesus' (Tim 2,5). Gerade dadurch Mittler, dass er Mensch ist; dadurch auch der Weg. Wenn nämlich zwischen dem Strebenden und seinem Ziele inmitten ein Weg liegt, so besteht Hoffnung, das Ziel zu erreichen; fehlt aber ein solcher oder weiß man nicht, welcher einzuschlagen ist, was hilft es dann, das Ziel zu kennen? Der einzige gegen alle Verirrungen völlig sichernde Weg ist darin gegeben, dass ein und derselbe zugleich Gott und Mensch ist: als Gott das Ziel, als Mensch der Weg."[14]

Höchste Erkenntnis Gottes vollzieht sich in der Anbetung Gottes: „Aber die Stunde kommt und sie ist schon da, zu der die wahren Beter den Vater anbeten werden im Geist und in der Wahrheit; denn so will der Vater angebetet werden. Gott ist Geist und alle, die ihn anbeten, müssen im Geist und in der Wahrheit anbeten“ (Joh 4,23 f.).

Wir hören Jesu menschliche Stimme und vernehmen das Wort Gottes, das seit Ewigkeit *Licht und Leben* war. Wenn wir Gottes Wort im Glauben annehmen, wird es zum Licht und Leben der Menschen (vgl. Joh 1,4.9). Thomas legt die Finger in die Wunden des verklärten Leibes Jesu, des Wortes, das Fleisch geworden war, erkennt ihn als seinen „Herrn und Gott“ (Joh 20,28). Und einst werden wir in der himmlischen Herrlichkeit mit unseren eigenen Augen Gott von Angesicht zu Angesicht schauen. Wir werden ihn durch das sensible und intelligible Erkenntnisbild der Menschheit Christi erkennen, wie Gott in seiner dreifaltigen Liebe lebt und herrscht von Ewigkeit zu Ewigkeit.

Immanuel Kant (1724–1804) konnte von seiner kritischen Erkenntnistheorie her Gott nur als Idee der reinen Vernunft anerkennen, ohne dass wir uns seiner Existenz vergewissern könnten. Gott, wenn es ihn gibt, hätte keine Möglichkeit, sich uns im Menschenwort der Propheten und Christi mitzuteilen. Wir könnten niemals ein wirkliches Wort Gottes unterscheiden von einem Produkt der eigenen Einbildung. Da der Verstand nur das kategorial zu einem Erscheinungsbild und Begriff (Phänomen) unseres Bewusstseins zusammenfügen kann, was ihm die Sinne darbieten, erkennen wird nur die Konstrukte unseres Denkens, aber nicht die Wirklichkeit in ihrem eigenen Sein (das „Ding an sich“).

Man hat gesagt: Kant habe den Baum der Erkenntnis ausgegraben, seine Wurzeln abgeschnitten und ihn dann zugespitzt wieder in den Boden eingerammt. Niemand kann sich wundern, dass an seinen ausgetrockneten Zweigen keine Früchte der Erkenntnis Gottes und der beseligenden Liebe zu IHM mehr wachsen und reifen konnten. Der menschliche Geist ist aber mehr als der operative Verstand. Er ist vielmehr der Empfangsraum des Seins. Der Bildung der Begriffe der konkreten Sprache geht die überbegriffliche Intuition des Seins voraus, die uns eine Evidenz der ursprünglichen Gründe des Seins vermittelt, die auch die Prinzipien der Erkenntnis und des diskursiven Denkens sind. Gott zur Illusion und Produkt des Wunschdenkens zu erklären ist nur das Heureka-Erlebnis der Katze, die immer kurz vor dem Ziel bleibt, weil sie im Kreisen um sich selbst ihrem eigenen Schwanz erfolglos auf den Fersen bleibt. Gottes Dasein auszuschließen, weil es den Kriterien des Empirismus und des Positivismus nicht entspricht, scheitert an der geistigen Natur Gottes, der mit seinem eigenen subsistenten Sein identisch ist und damit keines ideellen und stofflichen Möglichkeitsgrundes zu seiner Existenz bedarf. Gott existiert durch seine eigene Wirklichkeit und nicht kraft der gedachten Möglichkeit, die ihm unser endliches Denken zuspricht, ohne sich je der realen Existenz von Ideen der reinen Vernunft oder der Postulate der praktischen, d.h. sittlichen Vernunft vergewissern zu können.

Die A-Theologie, mit welchem gegenchristlichen Entwurf der französische Popularphilosoph Michel Onfray (* 1959) die moderne Religionskritik auf den Punkt bringen will, ist nichts weiter als eine selbsreferentielle petitio principii.[15]

Im Gleichnis des Seins geht uns sein transzendenter Grund auf, nämlich Gott als Ursprung, Sinn und Ziel von allem, was existiert.[16] Unsere Sprache ist nicht nur ein vegetatives animalisches System der Verständigung über Nahrung, Fortpflanzung, Brutpflege und Gefahrenabwehr. Warum verkümmert der Säugling, an dessen Ohr niemals das liebende Wort seiner Mutter dringt? Warum ist für uns die Einzelhaft ohne sprachlichen Kontakt mit den Mitmenschen die Hölle? In der Sprache vollzieht der Mensch sein

Wesen als Erschlossenheit des Seins und seiner Erkennbarkeit. Der Mensch informiert andere nicht lediglich über überlebenspraktische Notwendigkeiten, sondern er teilt in der Sprache sich selbst mit, sodass eine wechselseitige Erschlossenheit sich vollzieht von Ich zu Ich. Der Mensch ist auf der Welt nicht nur räumlich präsent wie der Affe in einer Raumkapsel, sondern er ist wesenhaft Geist-in-Welt.[17] „Die Sprache ist das Haus des Seins. In ihrer Behausung wohnt der Mensch. Die Denkenden und Dichtenden sind die Wächter dieser Behausung. Ihr Wachen ist das Vollbringen der Offenbarkeit des Seins, insofern sie diese durch ihr Sagen zur Sprache bringen und in der Sprache aufbewahren."[18]

Ursprünglicher hat dies schon Johannes in seinem Evangelium gesagt: „Im Anfang war das Wort und das Wort war bei Gott und das Wort war Gott ... Niemand hat Gott je gesehen. Der Einzige, der Gott ist und am Herzen des Vaters ruht, er hat Kunde gebracht" (Joh 1,1.18). Selbstoffenbarung Gottes gibt es nur, weil Gott sein ewiges Wesen relational vollzieht in der zeugenden Aussage des Wortes und der liebenden Hauchung des Geistes, der Vater und Sohn in den Wesens-Tiefen Gottes eint. „Denn der Geist ergründet nämlich alles, auch die Tiefen der Gottheit" (1 Kor 2,10).

Im Islam ist Gott seinem ewigen Wesen nach nicht in sich selbst relational in Wort und Geist. Darum ist der Koran nicht übersetzbar, weil die Botschaft Gottes, die ihr menschlicher Vermittler erhält, nicht schon vor ihrer Offenbarung als Wesenswort in Gott selbst existiert. Sie existiert ungeschaffen im Diktat der arabischen Sprache und kann nicht davon gelöst werden. Inhalt und Text sind absolut identisch. Die Bibel aber ist in alle Sprachen übersetzbar, weil das Wort Gottes, das Gott selbst ist, sich durch die Propheten und zuletzt in seinem wesensgleichen Sohn jedem menschlichen Geist in seiner Muttersprache erschließt (vgl.

Hebr, 1,1–4; Apg 2,6). Daraus folgt, dass innerhalb der kontinuierlich-identischen Glaubensgemeinschaft der Kirche die vielen Völker im Heiligen Geist gleichsam transzendental die Predigt der Apostel ihrem ganzen Inhalt nach verstanden, auch wenn sie kategorial weder hebräisch oder aramäisch noch griechisch verstanden. Aber jede Sprache ist kraft des Heiligen Geistes aufnahmefähig für das Wort des drei-einen Gottes, der deshalb mit jedem einzelnen Menschen in einen personalen Dialog eintritt. So können wir im Sohn zu Gott; Abba, Vater, sagen, weil der Heilige Geist ihrer wechselseitigen Liebe in unser Herz ausgegossen ist (vgl. Röm 5,5; 8,15; Gal 4,6).

Unzufrieden mit der Übersetzung des philosophisch und theologisch so vielfältigen und abgrundtiefen Bedeutung von *Logos* mit dem Terminus Wort versuchte es also unser Herr Professor Faust mit den Begriffen *Sinn (sensus)* und *Kraft (virtus)*. Schließlich kommt ihm ein Geistesblitz zu Hilfe. Indem ihm gerade Johann Gottlieb Fichte (1762–1814), der Philosoph des subjektiven Idealismus, einfällt, schreibt er zufrieden: „Im Anfang war die *Tat*.“ Dieser radikale Umschwung vom sich aussprechenden Wort zur „Tathandlung“ ist auch ein Akt der Selbstbefreiung aus der typisch deutschen Innerlichkeit, in die sich das lutherische Christentum zurückgezogen hatte. Welt und Geschichte sollten wieder Raum der Manifestation des Göttlichen, des absoluten Geistes sein. Die verpönte Gerechtigkeit aus guten Werken, die in der Gnade verwurzelt waren, war zurückgekehrt als eine von Menschen gemachte Neue Welt ohne die all unserem Tun zuvorkommende Gnade.

Nachdem Immanuel Kant, der Begründer des Kritischen Idealismus, das reale Sein für unerkennbar erklärt hatte und nur die Erkenntnis der von uns selbstproduzierten Phänomene übrig ließ, war der Idealismus von Fichte, Schelling und Hegel zu einem Aufbau der Welt aus dem erkennenden Subjekt gelangt. Durch unsere Gedanken bauen wir spekulativ die Welt unserer Erkenntnis auf und durch unsere Taten erschaffen wir unsere sittliche Welt in autonomer Freiheit.

Aber auch die neuzeitliche Subjektphilosophie, die seit Descartes das fundamentum inconcussum im Bewusstsein des denkenden Ich gesucht hatte, ist gescheitert an der Tatsache, dass unser diskursives, weltgebundenes Erkennen seine Bedingtheit und Begrenztheit nicht hintergehen kann. Einem endlichen Geist, d.h. einem Intellekt, der sich in seinem Sein und in seinen Denkakten bedingt weiß, ist eine Selbstbegründung in seinem Denken als auch in seinem Sein aprori unmöglich.

Er ist in einem Sein und Denken begründet von anderem, über das er nicht verfügen kann, aber als dessen Abbild und Anteilhabe er sich dankbar bekennen darf. Er begreift sich selbst in seinem endlichen Denken und kontingenten Sein als ein geschöpflich Seiendes. Niemand kann sich am eigenen Schopf aus dem Sumpf herausziehen. Der endliche, sinnliche gebundene Verstand hat keine unmittelbare Evidenz der Wahrheit des Seins und des eigenen denkenden Ich. Ohne den Leitfaden der Ariadne, d.h. ohne das ungeschaffene Licht, finden wir niemals aus dem Labyrinth der unübersichtlichen und widersprüchlichen Eindrücke und Zwänge des Weltgeschehens heraus. Wenn wir also in der Erkenntnis-Ordnung nicht den festen Standpunkt erreichen, mit dem wir die Welt aus den Angeln heben oder fixieren können, könnten wir es dann mit der Seins-Ordnung versuchen? Aber das Sein an sich bleibt uns verschlossen, weil es sich nur im begrenzt Seienden zeigt und sich zugleich entzieht. Irgendwie befindet sich jeder endliche und geschaffene Intellekt in einem circulus vitiosus, aus dem wir nicht aus eigener Kraft ausbrechen können. Eine Selbstbegründung des im Endlichen verhafteten Denkens in sich selbst ist unmöglich. Im freien Fall kann ich mich nur retten, wenn ich an einem an einem fest verankerten Griff Halt finde.

Jedes Denken setzt das reale und objektive Sein voraus und zugleich wird das Sein nur durch die Bedingungen des Erkenntnis-Subjektes erkannt. Wir können aber auch nicht hinter das Sein der Welt gelangen und haben es nie in einem einzigen Erkenntnisakt in seiner Ganzheit und Tiefe präsent. Wir sind zerstreut und nur mit größter Mühe gelingt es uns, einen einzigen Gedanken auf den Punkt zu bringen. Wir können nicht hinter die Anfangsbedingungen des Kosmos empirisch zurückgehen und ihre Logik nicht reflexiv ergründen. Da unsere endliche Vernunft das Nichts nur als Gedankending erfassen kann, können wir auch nicht denkend an den Anfang des endlichen, d.h. geschaffenen Seins gelangen. Denn das würde bedeuten, dass wir adäquat Gottes Sein denken könnten, ohne selbst Gott zu sein. Der *Anfang*, in dem das Wort war und der Anfang, in dem Gott Himmel und Erde geschaffen hat, ist darum nicht der Punkt auf der Linie der Zeit und der Ort im Raum, an dem die Materie sich bis zu ihrer heutigen Gestalt hin zu entfalten begann. Die Zeit ist nicht erst ein Problem der Kosmologie der sinnlich gegenständlichen Welt, sondern unserer ungesicherten Existenz in der Kontingenz, der Nicht-Notwendigkeit unseres individuellen Daseins. Man kann Gott auch nicht denken im Gegenüber zu einem abfolgenden Verlauf oder zu der sich ausdehnenden relativen und absoluten Raum-Zeit. Wir brauchen einen Bezugspunkt außerhalb des Subjekt-Objekt-Gefüges menschlicher Erkenntnis. Und das ist Gott, der Schöpfer, der sich frei uns mitteilt, weil er weder in seinem Sein noch in seiner Selbsterkenntnis und seiner Selbstbejahung dialektisch mit der Welt positiv oder negativ vermittelt ist.

Unser Streben nach ihm in Vernunft und sittlichem Willen kommt aber nur an das Ziel, wenn er sich uns in *seinem WORT* zu erkennen gibt und in *seinem* GEIST sich uns zu lieben darbietet. Die Erkenntnis Gottes in seinem Logos, der sich in den Werken der Schöpfung widerspiegelt, und die Erkenntnis Gottes in der Logik seiner heilsgeschichtlichen Selbstoffenbarung kommt im übernatürlichen Glauben zur Synthese. Diese Synthese bietet aber keine Einsicht in einen logischen und realen Sachverhalt, sondern ermöglicht die Begegnung mit der Person des göttlichen Logos. Als der Sohn des Vaters trägt er in seiner göttlichen Person die Einheit der göttlichen und menschlichen Natur. Sichtbar, hörbar und anfassbar begegnet der Logos uns konkret in Jesus von Nazareth, dem Messias der Juden und dem Retter der ganzen Welt.

Am Ursprung der abendländischen Geistesgeschichte haben die griechischen Philosophen nach den ersten Anfängen, Ursachen, Elementen, Baustoffen des Kosmos und nach den Prinzipien und Ideen gesucht, die ihn ordnen und konstituieren.

Sechs Jahrhunderte vor dem Johannes-Evangelium hatte schon Heraklit von Ephesus im Fragment 1 das ewige Gesetz der Welt in der alles durchdringenden und die Vielheit der Erscheinungen vereinenden Vernunft Gottes begründet gesehen, die im agonalen Weltprozess erkennbar wird. Der Logos überschreitet alles Begreifen, selbst wenn sein Dasein in seiner Wirksamkeit erkannt wird. Der Logos, der allen Menschen gemeinsam ist, begründet auch die Beziehung des Menschen zum Gott-Logos und macht ein geistiges Erkennen und sittliches Handeln in Verantwortung möglich.

Die moderne Naturwissenschaft ist in der Deutung ihrer Erkenntnisse über die ionische Naturphilosophie nicht wesentlich hinausgekommen, wenn kein Geringerer als

Albert Einstein (1879–1955) sein Weltbild so darstellt, dass er ohne den Glauben an einen persönlichen Gott und die Unsterblichkeit der Seele sagen kann: „Mir genügt das Mysterium der Ewigkeit des Lebens und das Bewusstsein und die Ahnung von dem wunderbaren Bau des Seienden sowie das ergebene Streben nach dem Begreifen eines noch so winzigen Teiles der in der Natur sich manifestierenden Vernunft.“[19]

Die Metaphysik des Aristoteles führt uns einen entscheidenden Schritt weiter zum Verständnis der Logos-Natur Gottes. „Der Gott“ ist der unbewegte Beweger, der sich nicht wie der Rest des Kosmos durch seine Möglichkeiten verwirklicht, sondern der das Seiende in reiner Wirklichkeit ist. Er ist wesenhaft intelligibel und ereignet sich ewig als das Denken des Denkens. Gott ist denkendes Bei-Sich-Sein, höchste und unüberbietbare intellektuelle Präsenz, reines aktuelles Sein.

Das ist die höchstmögliche Annäherung der menschlichen Vernunft an die göttliche Vernunft, die sich aber in ihrer geschichtlichen Offenbarung als Wort ausspricht und sich uns als Person mitteilt. Das Wort, das im Anfang bei Gott war und das Gott ist, ist das Verbindungsglied zwischen dem philosophischen Logos, den wir mit „Vernunft“ übersetzen, und dem Logos Gottes, den wir aufgrund seiner Selbstoffenbarung in Jesus Christus mit „Wort“ übersetzen. Der frühchristliche Philosoph Justin der Märtyrer (um 100–165 n.Chr.) sieht in jeder Wahrheitserkenntnis der vorchristlichen Denker verstreute Funken des einen göttlichen Lichts und die verstreuten Samen des einen Wortes Gottes, das in Jesus Christus in vollem Maß in die Welt gekommen ist.

Die Welt mit allen von uns vielleicht noch nicht empirisch konstatierten materiellen Universen ist nicht nur in seiner demiurgisch gestalteten Ordnung ein dem Chaos abgerungener Kosmos. Die Welt ist vielmehr Gottes Schöpfung, weil sie durch den Logos, die göttliche Person des Sohnes, geworden ist und weil nichts geworden ist ohne das Wort. Darum ist ihre logische Struktur der Ausdruck ihrer Erkennbarkeit als Teilhabe an dem ewigen Sich-Selbst-Erkennen Gottes im Logos und dem ewigen Sich-Selbst-Wollen Gottes im Geist der wechselseitigen Liebe von Vater und Sohn. Was an Gott unsichtbar ist, nämlich seine ewige Macht und Gottheit, erkennen wir durch die Vernunft. Aber die Vernunft ist nur dann weise und einsichtig, wenn wir auch mit unseren freien Willen Gott ehren und ihm Dankbarkeit erweisen. Nur dann sind wir nicht den „Mächten und Gewalten der Welt" ausgeliefert, wenn wir allein Gott den Schöpfer anbeten und nicht an seiner Stelle die Geschöpfe vergötzen und im eigenen Leib entehrenden Leidenschaften und Sünden verfallen (vgl. Röm 1,18–32).

Die Erkenntnis des Werdens der ganzen Schöpfung im Logos ist etwas ganz anderes als theologisierende Kosmologie. Ludwig Wittgenstein (1889–1951) hebt als Vertreter der Analytischen Sprachphilosophie den Unterschied von philosophischem Denken und der Naturwissenschaft hervor. Die Beziehung des Menschen zu Gott ist nicht kategorial durch Raum und Zeit bestimmt, sondern durch seine Konstitution als Person, sodass sein Dasein in Raum und Zeit vom seinem Verhältnis zum ewigen Gott umfasst ist. So sagt Wittgenstein: „Wenn man unter Ewigkeit nicht unendliche Zeitdauer, sondern Unzeitlichkeit versteht, dann lebt der ewig, der in der *Gegenwart* lebt. Unser Leben ist ebenso endlos, wie unser Gesichtsfeld grenzenlos ist."[20] Man möchte ergänzen: Der Mensch lebt in der Präsenz Gottes im Bezug auf Gottes Sein als reine Realität.

„*Wie* die Welt ist, ist für das Höhere vollkommen gleichgültig. Gott offenbart sich nicht *in* der Welt."[21] „Nicht *wie* die Welt ist, ist das Mystische, sondern *dass* sie ist."[22]

Geschöpflichkeit bedeutet für den Menschen nicht nur, dass Gott äußere Ursache, die Teil des zu erklärenden endlichen Seins wäre und selbst wieder einer Ursache bedürfte. Gott ist in seinem Willen zu dem geschöpflich existierenden Einzeldingen der Akt, durch den das Seins die Subsistenz der Seienden ermöglicht (actus essendi). Er ist transzendentes Prinzip ihrer Existenz. Der dreifaltige Gott ist Ursprung, Inhalt und Ziel meiner ganzen Existenz in der erlebten Zeit und der erhofften Ewigkeit. In Christus „sind wir schon erwählt vor der Grundlegung der Welt" (Eph 1,4). „Der Gott und Vater unseres Herrn Jesus Christus" (Eph 1,3) „hat uns schon im Voraus dazu bestimmt, seine Söhne zu werden durch Jesus Christus und zu ihm zu gelangen nach seinem gnädigen Willen" (Eph 1,5). Der Mensch als Person in Vernunft und Willen existiert durch den von Gott getragenen Seinsakt. Der Mensch lebt in ihm und auf ihn hin. Das „Wort des Lebens" (Joh 1,1), das uns die apostolischen „Diener des Wortes" (Lk 1,2) zu sagen haben, „ist das ewige Leben", das beim Vater war und uns erschienen ist. Vermittelt durch die sakramentale Gemeinschaft der Kirche haben wir „Gemeinschaft mit dem Vater und mit seinem Sohn Jesus Christus" (1Joh 1,3). „Daran erkennen wir, dass wir in ihm bleiben und er in uns bleibt: Er hat uns von seinem Geist gegeben." (1Joh 4,13)

Im Anfang vor aller Zeit und jenseits aller Ausdehnung der Materie im Raum war das ewige Wort und das Wort war bei Gott und Gott war das Wort. „In ihm war das Leben und das Leben war das Licht der Menschen." (Joh 1,4)

Im Blick auf die Gegenwart Gottes in seinem Logos und Pneuma begreifen wird, dass die Omnipräsenz, die Omniszienz und die Omnipotenz nicht nur Wesens-Eigenschaften Gottes in seiner Natur sind, sondern Eigentümlichkeiten, die den drei göttlichen Personen gemeinsam zukommen.

Dass Gott der Logos ist in der Person des „einzigen Sohnes vom Vater“ (Joh 1,18; 2Joh 3) bedeutet, dass Gott sich selbst real präsent ist im vollen denkenden und wollenden Selbstbesitz seiner Gottheit. Welt existiert als Teilhabe an der Erkenntnis Gottes seiner selbst (im Wort) und an der Entschlossenheit zu sich selbst (im Geist). Und das ist der tragende Grund seiner realen Präsenz in der Welt, seiner Schöpfung, durch denselben Logos, der aus der Jungfrau Maria unser Fleisch angenommen hat. „Allen, die ihn aufnahmen, gab er Macht (exousian) Kinder Gottes zu werden, allen, die an seinen Namen glauben, die nicht aus dem Blut, nicht aus dem Fleisch, nicht aus dem Willen des Mannes, sondern aus Gott geboren sind.“ (Joh 1,12 f.)

2. Und das Wort ist Fleisch geworden (Joh 1,14)

Das ist Wahrheit aller Wahrheiten, Mitte und Fundament des christlichen Glaubens. Der uns in unserem Fleisch und Blut erschaffen hat, erlöst uns auch in unserem Fleisch, das er zu seinem eigenen Fleisch und Blut gemacht hat. Gott ist in der Welt in der skandalösen Gestalt des Fleisches. Das ist der von ihm selbst präsentierte Widerspruch zum idealistischen Gott als Idee oder als Chiffre für eine Verbesserung der Welt. Das Christentum kann nicht der Welt nach ihrem Geschmack verdaulich gemacht werden. Es ist keine NGO und kein Propagandabüro für eine Schöpfung des Neuen Menschen und einer idealen Weltordnung.

Der Glaube an den Gott im Fleisch bildet die eschatologische Trennungslinie zwischen Christus und Antichrist. „Jeder Geist, der Jesus Christus bekennt als im Fleisch gekommen, ist aus Gott, und jeder Geist, der Jesus nicht bekennt, ist nicht aus Gott. Das ist der Geist des Antichrists ..." (1Joh 4,2 f.)

Gott ist uns nicht nur intentional nahe als Geist und Wahrheit, sondern ist präsent in unserer leiblich geistigen Natur, in allen Dimensionen unserer Weltlichkeit. Schaue jeder sich selbst an in seiner Körperlichkeit. Halte dir die Hand vor die Augen und verstehe, dass in deinem leidensfähigen und verweslichen Fleisch derjenige gegenwärtig ist, der dich zum Leben geschaffen und vom Tod erlöst hat. Das ist der Gott, neben dem es keinen anderen Gott gibt, weil das Absolute und Heilige nicht auf mehrere Subjekte aufgeteilt werden kann, ohne dass es seine Absolutheit und Unendlichkeit verlieren würde. Und schau deinen Bruder vor dir und neben dir an! Und mach dir bewusst, dass dein

Erlöser in demselben menschlichen Fleisch und Blut auf Erden lebte, das die leibhaftige Existenz deines Nächsten konstituiert! Und nur dann begreifen wir auch das Wort des Menschensohns, wenn er in seiner Herrlichkeit kommt mit all seinen Engeln und wenn er vom Thron seiner Gottheit her zu uns sagt: „Was ihr dem Geringsten meiner Brüder in Hunger und Durst getan habt, das habt ihr mir getan" (Mt 25,40.45).

Durch die Taufe werden wir Glieder am Leib Christi. Wir sind durch die Eingliederung in den Leib Christi Söhne Gottes und Tempel des Heiligen Geistes. Indem wir das eucharistische Brot essen, haben wir Teil am Leib Christi, der von Maria geboren wurde und der jetzt in der verklärten Gestalt des auferstandenen Herrn zur Rechten des Vaters im Himmel ist. Wenn wir bei der hl. Messe aus dem „Kelch des Segens trinken" (1Kor 10,16), haben wir jetzt teil am Blut Christi, das er historisch einst und einmalig auf dem Altar des Kreuzes vergossen hat zum Heil der Welt.

Gott in meinem Fleisch! Das ist die Wahrheit, die sich kein geschaffener Verstand jemals ausdenken konnte. Sie übertrifft alles, was wir uns in den kühnsten Träumen von Gott erhoffen konnten. Gott „in der Gestalt des Fleisches der Sünde" (Röm 8,3) ist ein Skandal für jede Vernunft, die sich im Bewusstsein ihre Begrenztheit dennoch zum Maß alles Wirklichen und Möglichen erklärt. Der Gott am Kreuz im Fleisch seines Sohnes widerspricht der selbstgefälligen Weisheit dieser Welt. Und darum hatte Gott beschlossen, „alle, die glauben, durch die Torheit der Verkündigung zu retten" (1Kor 1,21). Es ist aber nicht nur die Vernunft der Stolzen, sondern auch die Sünde, die sie blind macht, dass wir den Logos nicht erkennen, durch den die Welt geworden ist. Denn die Welt ist durch den Logos Gottes geworden und „allen, die ihn aufnahmen, als er in sein Eigentum kam, gab er Macht Kinder Gottes zu werden" (Joh 1,12). Kinder Gottes sind wir darin, dass wir den Vater erkennen im Sohn und Gott lieben im Geist des Vaters und des Sohnes.

So steht unsere endliche Vernunft, mit der der Gott-Logos uns ausgestattet hat, vor einer einzigartigen Herausforderung. Einerseits ist die Inkarnation des Logos nicht aus den Möglichkeiten des menschlichen Denkens ableitbar, andererseits aber kommt unsere Vernunft zu ihrer höchsten Verwirklichung, wenn sie im Licht des Glaubens Anteil erhält an der ungeschaffenen Vernunft Gottes und wenn wir Gott in Christus erkennen wie er sich selbst in seinem Wesens-Wort erkennt. „Der Geist ergründet nämlich alles, auch die Tiefen Gottes. Wer von den Menschen kennt den Menschen, wenn nicht der Geist des Menschen, der in ihm ist? So erkennt auch keiner Gott – nur der Geist Gottes. Wir aber haben nicht den Geist der Welt empfangen, sondern den Geist, der aus Gott stammt, damit wir erkennen, was uns von Gott geschenkt worden ist.“ (1Kor 2,10–12) Nach der Auferstehung des Fleisches „werde ich durch und durch erkennen, so wie ich durch und durch erkannt worden bin“ (1Kor 13,12).

Wir wollen aber nicht mit dem Gestus des überlegenen christlichen Wissens um die Inkarnation uns über die Philosophien (Neu-Platonismus und die Transzendentalphilosophie) und die anderen monotheistischen Religionen (Islam, nachbiblisches Judentum) erheben, die die Inkarnation mit der absoluten Transzendenz Gottes für schlechthin unvereinbar halten. Denn mit Christus ist nicht nur eine neue Idee in die Geistesgeschichte eingetreten, sondern das absolut Neue, das er in seiner göttlichen Person selber ist, die frei unsere menschliche Natur angenommen hat – wie es Irenäus gegen den Gnostizismus herausarbeitete.[23] Die Offenbarung Gottes in Christus kommt uns zu durch das übernatürliche Licht des Heiligen Geistes, indem wir uns Gott hingeben im „Gehorsam des Glaubens“ (Röm 1,5.16,26;

2Kor 10,5 f.). Die Dankbarkeit gegenüber der Gnade lässt keinen Selbstruhm zu, der sich über die Mitmenschen erhebt, die noch auf dem Weg sind zur „Erkenntnis des göttlichen Glanzes auf dem Antlitz Christi“ (2Kor 4,6).

Denken wir nur an das Axiom das Apuleius von Madaura im 2. Jahrhundert: „Zwischen Gott und Mensch gibt es keine Berührungsmöglichkeit.“[24]

Niemand vor oder nach Christus hatte je behauptet, dass das Absolute in die Zeit eingetreten ist, dass der Schöpfer des Himmels und der Erde selbst ein Teil der Welt geworden ist und dass der Herr über die Geschichte selbst sich aktiv zum Akteur und passiv zum Spielball der Kontingenz endlicher Freiheit gemacht hat. Das Bekenntnis zu „Gott in unserem Fleisch“ gilt den Idealisten als eine größenwahnsinnige Blasphemie und den Materialisten als ein Rückfall in törichte Mythologien und in vorwissenschaftliches Denken. Wir Christen glauben aber nicht an einen vergöttlichten Menschen oder an einen mythologischen Gott in menschlicher Verkleidung. Der Glaube an Christus, den Gott-Menschen, ist also kein religiöses Symbol, keine metaphysische Spekulation und keine mythologische Dichtung.

Dem steht das Selbstzeugnis Jesu entgegen, in dem das Wort, das Gott selbst ist, unser Fleisch angenommen hat. Wir glauben an den Sohn Gottes, der Mensch geworden ist, damit wir Anteil haben an seinem göttlichen Leben. Unser Glaube beruht also nicht auf vorgängigen Hypothesen über das Mögliche und Wahrscheinliche, sondern auf dem Selbstzeugnis Jesu:

„Vom Vater bin ich ausgegangen und in die Welt gekommen; ich verlasse die Welt wieder und gehe zum Vater“ (Joh 16,28).

Nur im Lichte des Selbstzeugnisses Jesu kommen wir mit Hilfe der Gnade zum Bekenntnis: Jesus ist der Herr, der Sohn des Vaters, das Fleisch gewordene Wort, die zweite

Person der Trinität. Die kirchliche Glaubenslehre bekennt mit den Vätern des Konzils von Chalcedon (451) die Inkarnation des Logos als die ungetrennte und unvermischte Einigung der göttlichen und menschlichen Natur Jesu Christi in der göttlichen Person des Wortes:

„Wir folgen also den heiligen Vätern und lehren alle übereinstimmend: Unser Herr Jesus Christus ist als ein und derselbe Sohn zu bekennen, vollkommen derselbe in der Gottheit, vollkommen derselbe in der Menschheit, wahrhaft Gott und wahrhaft Mensch derselbe, aus Vernunftseele und Leib, wesensgleich dem Vater der Gottheit nach, wesensgleich uns derselbe der Menschheit nach, in allem uns gleich außer der Sünde, vor Weltzeiten aus dem Vater geboren der Gottheit nach, in den letzten Tagen derselbe für uns und um unseres Heiles willen [geboren] aus Maria, der jungfräulichen Gottesgebärerin, der Menschheit nach, ein und derselbe Christus, Sohn, Herr, Einziggeborener in zwei Naturen unvermischt, unverändert, ungeteilt und ungetrennt zu erkennen, in keiner Weise unter Aufhebung des Unterschieds der Naturen aufgrund der Einigung, sondern vielmehr unter Wahrung der Eigentümlichkeit jeder der beiden Naturen und im Zusammenkommen zu einer Person und einer Hypostase, nicht durch Teilung oder Trennung in zwei Personen, sondern ein und derselbe einziggeborene Sohn, Gott, Logos, Herr, Jesus Christus, wie die Propheten von Anfang an lehrten und er selbst, Jesus Christus, uns gelehrt hat, und wie es uns im Symbol der Väter überliefert ist.“[25]

Mit einer historischen Rekonstruktion und literaturwissenschaftlichen Analyse der biblischen Texte kommen wir nur an die Verbegrifflichung und Aussageweise des Apostolischen Bekenntnisses heran, aber nicht an den übernatürlichen Akt meiner persönlichen und freien Zustimmung zur Wahrheit Gottes, die sich in den menschlichen

Worten Jesus aussagt, und in seinem Leben, Sterben und in seiner Auferstehung von den Toten historisch-einmalig verwirklicht. Für die ganze Kirche aller Zeiten antwortet Simon Petrus auf die Frage Jesu, ob auch wir weggehen wollen. „Wir", das sind damals die Jünger Jesu, die „Juden", d.h. die Mitglieder von Gottes Bundesvolk, die an ihm Anstoß nahmen, weil er uns sein Fleisch zu essen geben wollte. Auf dem Prüfstand steht heute auch der Glaube der Jünger Jesu, die in Antiochien „zum ersten Mal Christen genannt wurden" (Apg 11,26): „Herr, wohin sollen wir gehen? Du hast Worte des ewigen Lebens. Wir sind zum Glauben gekommen und haben erkannt: Du bist der Heilige Gottes" (Joh 6,68 f.).

Albert Schweitzer hat in seiner bahnbrechenden Schrift „Die Geschichte der Leben-Jesu-Forschung" (1906) allen historistischen Rekonstruktionsverfahren des Lebens Jesu das Scheitern bescheinigt. Jesus könne nicht in unsere Zeit hineingeholt werden. Wir könnten nur noch ein mystisches Jesus-Verhältnis haben, in dem wir uns von seiner wunderbaren Persönlichkeit inspirieren oder bezaubern lassen. Da aber diesem rationalistischen Denken nur die historistische Kategorie zur Verfügung steht, kann es keine kirchliche und sakramentale Vermittlung geben, durch die sich der Herr, der beim Vater lebt, real im Heiligen Geist gegenwärtig macht sowohl im Wort der Verkündigung und des Bekenntnisses als auch in den Sakramenten und in der Gemeinschaft der Kirche.

Das Neue Testament enthält keineswegs nur unterschiedliche theologische Konstrukte, die sich an irgendeiner sogenannten existentiellen Bedeutsamkeit Jesu festmachen. Immer geht es um das Geheimnis der Person Jesu. Nur im geoffenbarten Glauben erkennen wir ihn als den Sohn des Vaters, der sich in seinem göttlichen Wort *ewig* aussagt in der Gottheit Christi und *zeitlich* sich darstellt in seiner aus

Maria angenommenen menschlichen Natur. Das Johannes-Evangelium setzt an bei der göttlichen Person des Wortes und entfaltet dieses Geheimnis in der geschichtlichen Selbstauslegung in der menschlichen Natur Christi. Die Synoptiker hingegen führen uns durch die menschliche Geschichte Jesu zu der Erkenntnis seiner Einheit mit dem Vater, dessen Sohn und Offenbarer er ist. An der hermeneutischen Schlüsselstelle für die synoptische Christologie bezeugt sich Jesu selbst in seiner göttlichen Herkunft und Sendung: „Ja, Vater, so hat es dir gefallen. Alles ist mir von meinem Vater übergeben worden; niemand kennt den Sohn, nur der Vater, und niemand kennt den Vater, nur der Sohn und der, dem es der Sohn offenbaren will." (Mt 11,26 f.; vgl. Lk 10,21 f.).

Und das ist die Voraussetzung, dass Jesu „Vater im Himmel" dem Simon Petrus das Persongeheimnis Jesu offenbarte. Die trinitarische Selbstoffenbarung Gottes ist also der Ursprung, der Felsengrund und der Ausdruck des Bekenntnisses der Kirche zu Jesus ihrem Herrn und Haupt: „Du bist Christus, der Sohn des lebendigen Gottes" (Mt 16,16). Durch die Selbstoffenbarung Gottes im Zeugnis des Sohnes für den Vater und des Vaters für den Sohn folgt die Unmöglichkeit, noch von Gott zu reden ohne Christus (remoto Christo) und neben der Zeugnisgemeinschaft, der Kirche, sich ein Bild von Jesus nach eigenem Geschmack zu machen (z. B. Jesus als Ideal des Bildungsbürgers, der erste Sozialist, der Naturschützer und Umweltaktivist, etc.). Denn es gilt: „Wer an den Sohn Gottes glaubt, trägt das Zeugnis in sich. Wer Gott nicht glaubt, hat ihn zum Lügner gemacht, weil er nicht an das Zeugnis geglaubt hat, das Gott von seinem Sohn abgelegt hat" (1 Joh 5,10).

Nur wenn wir mit dem übernatürlichen Glauben, der in unser Herz eingegossen ist, die Wahrheit erkennen, dass das Wort, das Gott ist, Fleisch angenommen hat und unter uns wohnt, dann wird uns auch klar, dass Jesus der Immanuel ist, der Gott-mit-uns (vgl. Mt 1,23). Dann baut uns seine Verheißung auf, dass er in jeder großen und kleinen Versammlung seiner Jünger mitten unter ihnen bleibt (vgl. Mt 18,18) und was schließlich seine Zusage bedeutet: „Seht ich bin bei euch alle Tage bis ans Ende der Welt" (Mt 28,20).

Jesus ist als Mensch „der Weg" und als Gott „die Wahrheit und das Leben" (Joh 14,6). Wir gehen den geistlichen Weg der Nachfolge Christi, der uns zur Erkenntnis Gottes auf dem Antlitz Christi führen soll (vgl. 2Kor 4,6). Wir werden in einem inneren Prozess der Reinigung, Erleuchtung und Vereinigung Christus mystisch gleichgestaltet. Wir heißen und sind Kinder Gottes (vgl. 1Joh 3,1). Wir sind in Christus adoptiert als Söhne Gottes, die voller Vertrauen zu Gott rufen: Abba, Vater (vgl. Gal 4,6; Röm 8,15). „Denn die Liebe Gottes ist ausgegossen in unsere Herzen durch den Heiligen Geist, der uns gegeben ist." (Röm 5,5)

3. Es werde Licht (Gen 1,3)

Die Heilige Schrift des Alten und Neuen Testaments ist für uns kein Buch frommer Erbaulichkeit oder eine Schichtung versunkener Sedimente, aus deren Analyse die Archäologen den Stoff für ihre historischen Rekonstruktionen gewinnen. Die Bibel ist und enthält das Wort des lebendigen Gottes. Gott spricht aktuell und real zu uns. Der drei-eine Gott, der Vater und der Sohn und der Heilige Geist, teilt sich in der Weise des Dialogs seinem erwählten Bundesvolk und eschatologisch der ganzen Menschheit mit. ER offenbart sich als Sinn und Ziel der ganzen Schöpfung Welt, als Richter und Retter jedes individuellen Menschen (vgl. Mt 28,19). Die historisch-kritische Methode analysiert nur die Art und Weise des sich selbst mitteilenden Wortes Gottes, d.h. seine Gestalt in menschlicher Sprache (Grammatik und Syntax) und im menschlichen Denken (die Erste Philosophie/Metaphysik der Seins- und Erkenntnisprinzipien, die Regeln der Logik, die Kategorien des Verstandes und die Begriffsbildung eines Verstandes, der immer mit der sinnlichen Wahrnehmung beginnt).

Die Heilige Schrift ist Gottes Wort in menschlicher Sprache (vgl. 1Thess 2,13). Sie ist das fundamentale Dokument, in dem das Zeugnis der Propheten und die Apostolische Predigt wie aus einer unerschöpflichen Quelle die lebendige Tradition der Kirche speist, die sich in der Form ihres Glaubensbekenntnisses und ihrer Liturgie ausdrückt. Aber ebenso wenig wie wir aufgrund der hypostatischen, d.h. der personalen, Union der göttlichen und menschlichen Natur in Christus das eine göttliche Wort des Sohnes Gottes von den vielen menschlichen Worten Jesu trennen können, so können wir auch nicht das Wort Gottes von seiner definitiven literarischen Gestalt in der Bibel trennen. Dogmatische und historische Auslegung sind methodisch zu unterscheiden, aber im Glaubensakt nicht zu trennen, weil sich dieser auf den Gott-Menschen Jesus Christus richtet. Der Akt des Glaubenden richtet sich auf die ausgesagte Wahrheit. Die (grammatische, literarische, kultur-historische) Aussageweise dient als ihr Medium, um zur Erkenntnis der Ersten und Ungeschaffenen Wahrheit zu gelangen, die Gott selbst ist in seinem ewig und zeitlich sich aussagenden Wort-Logos und in seinem sich schenkenden Geist vom Vater und vom Sohn – wie Thomas von Aquin sagt.[26] Jesus ist von den Toten auferstanden, sein Leib ist nicht mehr historisch sichtbar hier. Aber er lebt in seiner verklärten Menschheit beim Vater und *bleibt bei uns* mit seiner angenommenen menschlichen Natur vermittels Wort und Sakrament – bei seinen Jüngern alle Tage bis zum Ende der Welt (vgl. Mt 28,20, Lk 24,19; Joh 15,4). Deshalb kann man das schriftliche Zeugnis des apostolischen Glaubens nicht wie einen toten Leichnam aus vergangener Geschichte sezieren in der Meinung, man könne ihn in unserer subjektiven Einbildungskraft wieder zu Leben entwickeln. Christus, „der auferweckt worden ist, zur Rechten des Vaters sitzt und für uns eintritt" (Röm 8,34), ist in den Jesus-Filmen von Hollywood nur fiktiv gegenwärtig, im Tabernakel auf dem Altar Seiner Kirche aber real.

Wir lesen im Heiligen Geist das Zeugnis des Gottesvolkes von der Geschichte seiner Begegnung mit Gott. Gott hat sich selbst fortschreitend in das Glaubensbewusstsein Israels und der Kirche hineingesprochen und damit selbst in ihre Glaubensdomente hineingeschrieben. In diesem Sinn ist er selbst der eigentliche Verfasser der „von Gott eingegebenen heiligen Schriften" (2Tim 3,15 f.). Denn ER selbst ist der, der einst auf vielfältige Weise zu den Vätern durch die Propheten, „am Ende dieser Tage zu uns gesprochen hat durch den

Sohn“ (Hebr 1,1–4). So war im Alten Testament Christus verborgen gegenwärtig, während im Neuen Testament die Verheißung des universalen Heils im Sohn Gottes Fleisch geworden ist.[27] Letztlich wird die Einheit der Selbstoffenbarung im Zeugnis des Alten und Neuen Testaments auch auf der historischen und literarischen Ebene erkennbar, sowohl in der Vernunft als auch im Glauben, weil sie die Einheit von Vater und Sohn im Heiligen Geist voraussetzt und sie ihre Einheit im WORT und GEIST offenbart.

Weil der lebendige Gott das Subjekt seiner Selbstoffenbarung ist in Wort und Tat, erzeugt auch das Hören seines Wortes und das Lesen der Zeugnisse seiner geschichtlichen Offenbarung den Glauben an Gott im Geist. Der im Heiligen Geist erleuchtete Glaubende bleibt nicht stehen bei der Konfrontation mit dem toten Buchstaben. Er gelangt zum Verständnis seines Sinnes im Heiligen Geist. „Nahe ist dir das Wort in deinem Mund und in deinem Herzen. Das heißt: das Wort des Glaubens, das wir verkünden; denn wenn du mit deinem Mund bekennst: *‚Herr ist Jesus‘* – und in deinem Herzen glaubst: *‚Gott hat ihn von den Toten auferweckt‘*, dann wirst du gerettet werden.“ (Röm 10,8 f.)

Denn „das Geheimnis seiner Weisheit hat Gott uns enthüllt durch den Geist. Der Geist ergründet alles, auch die Tiefen der Gottheit ... Wir aber haben nicht den Geist der Welt empfangen, sondern den Geist, der aus Gott stammt, damit wir erkennen, was uns von Gott geschenkt worden ist ... Der irdisch gesinnte Mensch [d.h. der Rationalist und Positivist] aber erfasst nicht, was vom Geist Gottes kommt. Torheit ist es für ihn und er kann es nicht verstehen, weil es nur mit Hilfe des Geistes beurteilt werden kann. Der geisterfüllte Mensch aber urteilt über alles, ihn selbst aber kann niemand beurteilen“ (1Kor 2,10–15).

Die Bibel ist also demjenigen, der an Gott in Christus glaubt, das dogmatische Fundament des Credo, die sprudelnde Quelle des geistlichen Lebens, die moralische Orientierung für den Lebenswandel. Die dogmatische, d.h. die kanonische, und die historisch-kritische Auslegung der Bibel gehen Hand in Hand. Die Lectio divina erkennt im Buchstaben den Geist. Die historisch-kritische Exegese sieht in der geschichtlichen Gestalt der Offenbarung das Fleisch, welches der göttliche Logos in Jesus Christus angenommen hat.

Wenn wir die Bibel aufschlagen, begegnet uns schon im Alten Testament wie auch im Adlerblick des Johannes zu Beginn seines Evangelium der Begriff vom *Anfang*. Es geht nicht um die Zeit des Anfangs des Geschaffenen, sondern um den Ursprung der Zeit in der aktuellen Ewigkeit Gottes. Im anfangslosen Anfang war das Wort bei Gott als das Wort, das Gott selbst ist. Und im Wort wurde alles geschaffen (vgl. Joh 1,1). So wird im fleischgewordenen Wort der ewige Hervorgang des Sohnes aus dem Vater als Ursprung und Ziel der ganzen Schöpfung und besonders die ewige Berufung des Menschen zur Gotteskindschaft in Christus und Gottesfreundschaft im Heiligen Geist offenbar. „Er hat uns aus Liebe im Voraus dazu bestimmt, seine Söhne zu werden durch Jesus Christus und zu ihm zu gelangen nach seinem gnädigen Willen, zum Lob seiner herrlichen Gnade." (Eph 1,5 f.)

So steht über dem Sein der ganzen Welt und ihrer Geschichte das Ur-Bekenntnis der Kirche: „Im Anfang schuf Gott Himmel und Erde" (Gen 1,1). Wenn auch vor den Werken der Unterscheidung und Ausschmückung das Chaos dem Kosmos die Waage zu halten schien, so konnte doch die Schöpfung sich nie der erhaltenden und ordnenden Allmacht Gottes entziehen. Denn Gottes Geist schwebte mit seiner kreativen Omnipotenz beruhigend und stabilisierend über der Urflut und gibt dem nichtenden Nichts nicht die geringste Chance. Das Geschaffen-Sein in der Kontingenz alles Endlichen macht uns keine Angst, sondern erzeugt in uns die Reaktion der kreatürlichen Freude, das eucharistische Gefühl der Dankbarkeit und den freien Gehorsam gegenüber dem gnädigen und barmherzigen Gott. Die Macht des Todes und des Bösen ist nicht nur historisch-faktisch durch Christus besiegt, sondern von Ewigkeit her von Gottes Leben und Güte verschlungen. Apriori unvereinbar mit dem christlichen Glauben an Gott, den Schöpfer des ganzen Universums, ist jede Form von Dualismus. Gemeint ist Platons idealistischer Dualismus mit seiner Trennung des Seins in eine unsichtbare und eine sichtbare Welt. Das gilt erst recht vom moralischem Dualismus Markions und der Manichäer, die zwei antagonistische absolute Prinzipien des Guten und des Bösen annahmen. Dies fassten sie in die Theorie von dem angeblichen Widerspruch eines alttestamentlichen Gottes der Rache und einem neutestamentlichen Gott der Liebe bzw. vom dialektischen Widerspruch eines bösen Schöpfergottes und eines guten Erlösergottes. Nicht zu unterschätzen ist seit dem Beginn der neuzeitlichen Subjektphilosophie der anthropologische Dualismus des René Descartes (1596–1659). Nur akzidentell verbunden sind im Menschen und in der Wirklichkeit überhaupt die beiden selbständigen Substanzen von Bewusstsein und Körper, von res cogitans et res extensa. Der Mensch ist hier keine substantiale Einheit zweier unselbstständiger Komponenten der Geistseele und des von ihr belebten Leibes, sondern eine akzidentelle Einheit von zwei vollständigen Substanzen, die jeweils in sich subsistieren und die Einheit des Menschen in seinem Person-Sein, in dem das Leib-Seele-Kompositum subsistiert, zersprengen. Der Mensch ist Person in seinem aktuellen Bewusstsein und hält sich nur in seinem Körper wie in einem Behälter auf. Nur so ist die Idee der Geschlechtsumwandlung möglich, die Idee, dass wir uns darum einen anderen Körper zulegen könnten, weil wir uns als Mann oder Frau in dem falschen Körper nämlich einer Frau bzw. eines Mannes fühlen. Dieser dualistische Ansatz blockierte im Widerstreit zwischen idealistischem und materialistischem Monismus die ganze Philosophie und Theologie der Neuzeit und entfremdete viele seiner Anhänger von der Erkenntnis Gottes in seiner geschichtlichen und inkarnatorischen und sakramentalen Präsenz. Gott wird welt-los und die Welt gott-los. Entweder wird Gott spiritualistisch gänzlich jenseits von Welt und Sein geahnt oder er wird um der Autonomie der Welt willen fanatisch geleugnet. Aber im Licht der Welt erkennen wir die Existenz Gottes, weil er seine Quelle ist.

John Henry Newman (1801–1890) hat seine jugendliche Glaubenskrise nach der Lektüre von Thomas Paines Polemik gegen das Alte Testament, von David Humes Essays zum skeptischen Empirismus und von Voltaires Abhandlung gegen die Unsterblichkeit der Seele überwunden, als er während seiner lebensgefährlichen Erkrankung auf seiner Sizilien-Reise erkannte: „Ich werde nicht sterben, denn ich habe nicht gegen das Licht gesündigt.“[28]

Auf der Rückreise nach England verfasste er dieses wunderbare Gebet:

„Führ,
liebes Licht, im Ring der Dunkelheit
führ du mich an!
Die Nacht ist tief, noch ist die Heimat weit,
führ du mich an!
Behüte du den Fuß: der fernen Bilder Zug
begehr' ich nicht zu sehn: ein Schritt ist mir genug.

Ich war nicht immer so, hab' nicht gewusst zu bitten:
du führ an!
Den Weg zu schaun, zu wählen war mir Lust – doch nun:
führ du mich an!

Den grellen Tag hab ich geliebt und
manches Jahr regierte Stolz
mein Herz, trotz Furcht: vergiss, was war!

So lang gesegnet hat mich deine Macht, gewiss
führst du mich weiter an,
durch Moor und Sumpf, durch Fels und Sturzbach,
bis die Nacht verrann
und morgendlich der Engel Lächeln glänzt am Tor,
die ich seit je geliebt, und unterwegs verlor."[29]

* * *

Lead,
Kindly Light, amid the encircling gloom,
Lead Thou me on!
The night is dark, and I am far from home –
Lead Thou me on!
Keep Thou my feet; I do not ask to see
The distant scene, – one step enough for me.

I was not ever thus, nor pray'd that Thou
Should'st lead me on.
I loved to choose and see my path; but now
Lead Thou me on!
I loved the garish day, and, spite of fears,
Pride ruled my will: remember not past years.

So long Thy power hath blest me, sure it still
Will lead me on,
O'er moor and fen, o'er crag and torrent, till
The night is gone;
And with the morn those angel faces smile
Which I have loved long since, and lost awhile.

Die Inschrift auf seinem Grabstein zeigt den Weg des menschlichen Denkens, das sich von Gottes Licht führen lässt:

ex umbris et imaginibus in veritatem[30]

Mit dem alles Sein und Erkennen eröffnenden Werden des Lichtes vor, über und in aller Schöpfung ist auch die Theorie von der doppelten Wahrheit a limine ausgeschlossen. Es gibt nur das eine geschaffene Licht, das die Vernunft rationaler Wesen (Engel und Menschen) erleuchtet. Die menschliche Vernunft hat Anteil am ungeschaffenen Licht Gottes, sodass alle Wahrheit, die von wem auch immer erkannt wird, die Wahrheit ist, die von Gott herkommt und zu ihr hinführt. „Alles Wahre, von wem immer es gesagt wird, stammt vom Heiligen Geist, sofern er natürliches Licht eingießt und alles bewegt zur Einsicht und zum Aussprechen der Wahrheit, nicht aber, sofern Er durch die heiligmachende Gnade einwohnt oder eine der Natur hinzugefügte habituelle Gabe schenkt."[31]

Das erste Wort, das aus dem Munde Gottes hervorgeht, ist jener gewaltige Befehl, der alles Sein zu einer Widerspiegelung der Vernunft Gottes bestimmt, in der er sich ewig selbst erkennt. Es ist das gewaltige, Schauder und Ekstase erregende Wort: „Es werde Licht." (Gen 1,3). Joseph Haydn (1732–1809), mit Mozart und Beethoven das Dreigestirn der Wiener Klassik, hat dem schöpferischen Werden des Lichtes in seinem Oratorium „Die Schöpfung" einen überwältigenden musikalischen Ausdruck verliehen.

Die parallele Gestaltung von Genesis 1 und Johannes 1 ist unübersehbar. Der gesamte Schöpfungsglaube der Kirche ist zusammengefasst in der Aussage: „Alles ist durch das Wort geworden und ohne es wurde nichts, was geworden ist. In ihm war das Leben und das Leben war das Licht der Menschen" (Joh 1,3 f.). Die plastische Darstellung des Schöpfungswerkes im Siebentage-Werk oder in der Geschichte vom Garten Eden ist nur ein analytisches Urteil, welches die Vielheit der Prädikate expliziert, die im Subjekt der einfachen Glaubensaussage schon enthalten sind.

Ich erinnere mich an eine Diskussion aus meiner Jugendzeit. Als gerade angehender Theologiestudent traf ich im Friseur-Salon mit Altersgenossen zusammen, die sozialistisch geprägt waren. Sie meinten den Glauben ad absurdum zuführen, indem sie im aufgeklärten Triumphgefühl den Widerspruch aufdeckten zwischen dem Werden des Lichtes am ersten Tag und der Erschaffung von Sonne und Mond als Lichtquellen am dritten Tag der Schöpfung. Doch die biblischen Schöpfungsberichte sind ihrem literarischen Genus nach weder empirische Astrophysik noch mythologische Kosmogonie. Alle kosmologischen Einsichten und geschichtlichen Ereignisse werden unabhängig vom Entwicklungstand der empirischen Wissenschaften ausgelegt im Horizont des Glaubens an Gott als Ursprung und Ziel des vernunftbegabten Menschen, um dessentwillen die Welt besteht.

Somit sind mit dem Licht, das sich am Anfang über alle Schöpfung ausbreitet, nicht die mit Hilfe der Physik, Chemie, Biologie zu analysierenden elektromagnetischen Wellen gemeint oder Fragen um die Lichtgeschwindigkeit, die Relativitätstheorie und die Quantenphysik, des Urknalls und der Ausdehnungsgeschwindigkeit des Universums aufgeworfen. „Licht" bezeichnet hier die universale Erkennbarkeit alles Geschaffenen sowohl in seinem materiellen Bestand und seinen individuellen Wesensgrund, als auch in seinen metaphysischen Seins- und Erkenntnisprinzipien. Auch die Materie ist in ihren Strukturen und Wirkweisen nur deshalb zu analysieren, weil sie durch die Wesensform, die das konkret existierende Ding konstituiert, erkennbar ist (das intelligibile in sensibili). Das Licht, von dem hier die

Rede ist, ist also der lichtende Horizont, in dem die natürliche Vernunft operiert. Es ist aber auch gemeint das Gnaden-Licht des Geistes der Wahrheit und Offenbarung. So betet der Apostel: „Der Gott und Vater unseres Herrn Jesus Christus … erleuchte die Augen eures Herzens, damit ihr versteht zu welcher Hoffnung ihr durch ihn berufen seid“ (Eph 1,17 f.).

Alles ist ein Widerschein der Glorie und gnädigen Herrschermacht Gottes. So antwortet der Beter auf die Selbstoffenbarung Gottes im geschaffenen Licht der Welt: „Denn bei dir ist die Quelle des Lebens, in deinem Lichte sehen wir das Licht“ (Ps 36,10). Wir danken Gott für das physische Augenlicht unseres Leibes, das natürliche Licht der Vernunft (lumen naturale), in dem wir seine „ewige Macht und Gottheit“ erkennen, die er durch die Werke seiner Schöpfung offenbart (Röm 1,20).

Unsere natürliche Vernunft wäre eine leere Fähigkeit, wenn die Welt nicht in sich intelligibel wäre. Omne ens est verum. Die Dynamik unseres Willens auf das Gute und die Vereinigung mit ihm in der Liebe liefe ins Leere, wenn das Licht über und in aller der Schöpfung nicht eins wäre mit dem Guten. Omne ens est verum. „Und Gott sah, dass das Licht gut war.“ (Gen 1,4)

Alles Geschaffene ist in seiner Existenz und seinem Wesen prinzipiell transparent, wenn es auch faktisch noch so viele dunkle Löcher in unserem Wissen um die Struktur und Wirkungsweise der Materie gibt und wir überhaupt mit unserem Wissen um die Welt bis heute nur so weit vorgedrungen sind wie eine Schnecke die ersten Zentimeter bei ihrem Hundert-Meter-Lauf. Aber auch unser wirkliches individuelles und kollektives Erkennen wird während der Zeit unserer irdischen Wanderschaft in den Gebieten der Philosophie, den Human- und Geschichtswissenschaften immer „Stückwerk“ bleiben und wird niemals über ein

Verstehen „in rätselhaften Umrissen“ (1Kor 13,12) hinauskommen. Prinzipiell kann es aber keinen Gegensatz geben zwischen den Erkenntnissen der natürlichen Wissenschaften und der Erkenntnis Gottes in seiner übernatürlichen Offenbarung. Denn die Erkenntnis aus dem Wort Gottes im Glauben hat teil an der Unfehlbarkeit des sich in seinem Wesens-Wort offenbarenden Gottes, der in sich selbst die Wahrheit ist. Nur das Wort, das Fleisch geworden ist, kann von sich sagen: „Ich bin die Wahrheit“ (Joh 14,6). Christus ist die Wahrheit in Person. Die Welterkenntnis ist dagegen fehlbar (falsifizierbar) und immer – in einem gesunden Skeptizismus – korrigierbar und ergänzbar. Ein anscheinender Widerspruch zwischen der Erkenntnis der Wahrheit aus der Offenbarung und der Erkenntnis aus der geschaffenen Welt ergibt sich nur aus einer falschen Erkenntnis der geschaffenen Dinge oder deren ungenügender Interpretation. Dennoch stehen die Einsichten aus der Offenbarung und die der Erkenntnisse der natürlichen Wissenschaften nicht beziehungslos einander gegenüber. In der Theologie ist die Analogie der natürlichen Wahrheitserkenntnis zu beachten. Je besser wir uns im philosophischen, weltlichen Wissen auskennen, desto besser gelingt die Aufgabe der Theologie, die inneren Gründe der Vernunft des Glaubens darzulegen, wenn auch der vom Heiligen Geist eingegossene Glaube nicht aus den Kräften und Erkenntnissen der natürlichen Vernunft ableitbar ist: „Denn offenkundig falsch ist die Meinung derer, die sagen, im Hinblick auf die Wahrheit des Glaubens sei es völlig gleichgültig, was einer über die Schöpfung denke, wenn er nur von Gott die rechte Meinung habe. Denn ein Irrtum über die Schöpfung führt die Menschen von Gott weg, zu dem der Glaube hinführt, wenn der Glaube durch falsche Gründe gestützt würde.“[32]

Wir danken Gott aber auch für die Fähigkeit der Unterscheidung von Gut und Böse kraft des natürlichen Sittengesetzes, das von uns in der moralischen Urteilskraft unseres Gewissens als Stimme Gottes wahrgenommen wird (vgl. Röm 2,14 f.). Wir danken Gott für das eingegossene Licht des Glaubens (lumen fidei), indem wir durch den Heiligen Geist sagen können: „Jesus ist der Herr" (1Kor 12,3) und wenn wir mit dem Apostel Thomas vor dem auferstandenen Christus niederknien und bekennen: „Mein Herr und mein Gott" (Joh 20,28). Wir danken Gott für das „Licht der Glorie", in dem wir ihn einst „schauen von Angesicht zu Angesicht" (1Kor 13,12).

In Christus vereinigen sich das ungeschaffene Licht der ewigen göttlichen Vernunft und das geschaffene Licht, in dem wir den wahren und lebendigen Gott erkennen als Ursprung und Ziel allen Seins.

„Gott ist Licht und keine Finsternis ist in ihm" (1Joh 1,5). Und er verheißt uns den messianischen Heilsbringer: „Ich will dich zum Licht der Völker machen, dass mein Heil gehe bis an die Enden der Erde" (Jes 49,6).

Gott macht ihn „zum Bund mit dem Volk und zum Licht der Nationen." (Jes 42,6) Jesus Christus ist das Fleisch gewordene Wort, das im ewigen Anfang vor allem zeitlichen Anfang bei Gott war und in dem der Vater sprach: „Es werde Licht" (Gen 1,3). Das Wort, der intellectus divinus, ist das Leben und das Licht der Menschen. Das Licht des Logos leuchtet in der Finsternis (vgl. Joh 1,4). „Allen, die ihn aufnahmen, gab er Macht, Kinder Gottes zu werden, allen, die an seinen Namen glauben." (Joh 1,12) „Der Einzige, der Gott ist und am Herzen des Vaters ruht, hat uns Kunde gebracht." (Joh 1,18) Das verbum incarnatum, durch das die Gnade und die Wahrheit kamen, Jesus Christus, offenbart sich zu allen Zeiten seinen Jüngern: „Ich bin das Licht der Welt. Wer mir nachfolgt wandelt nicht in der Finsternis, sondern wird das Licht des Lebens haben" (Joh 8,12).

4. Lasst uns den Menschen machen (Gen 1,26)

Das *erste* Wort, das Gott gemäß dem Sieben-Tage-Werk eröffnend sprach, ist: „Es werde Licht“ (Gen 1,13). Das *letzte* Wort „im Anfang“ aller Schöpfung lautete abschließend: „Lasst uns den Menschen machen als unser Bild und Gleichnis“ (Gen 1,26). Gott offenbarte sich uns Menschen also in seinem Wort als Ursprung der ganzen Schöpfung und sich selbst als Sinn und Ziel des Menschen. Die Welt entsteht nicht, wenn Gott sich einschränkt, um uns Raum zu geben. Es gibt keine Dialektik von Sein und Nichts, von einer abstrakten Leere des Begriffs, der sich erst im Durchgang durch den Widerspruch prozesshaft zu seiner Totalität vermitteln müsste. Das wäre ein unchristlicher Begriff von einer wechselseitigen Bedingung der Endlichkeit unseres Daseins und der Unendlichkeit Gottes. Wir würden bei Hegels Beschreibung der „Religion der neuen Zeit“ landen: „Gott selbst ist tot.“[33] Der Mensch ist nicht eine Marionette, ein vergehendes Moment, an dem sich – durch seinen Gang durch die Weltgeschichte – selbst konstituierenden und alles in ihm sich aufhebenden absoluten Geist. Das Höchste, was Gott seinen Geschöpfen verliehen hat, ist nicht nur das Sein, wenn auch in der limitierten Form unseres menschlichen Wesens, sondern er hat uns Subsistenz, den personalen Eigenstand gegeben. Als Personen existieren wir selbstständig, einmalig, unwiederholbar und in voller Würde und Verantwortlichkeit vor Gott. „Nur eine geistige Natur hat eine unmittelbare Hinordnung auf Gott.“[34]

Wir werden also nicht in das Nichts wie in einen leeren Raum hinein geschaffen oder werden über dem Abgrund nur gehalten von der Hand eines Potentaten, der in einem

Akt reiner Willkür uns auch wieder fallen lassen könnte. So zu denken entspricht zwar der nominalistischen Fiktion des Willkürgottes, der seine Freiheit durch seine Unberechenbarkeit sichern müsste. Wir könnenn Gott gewiss nicht more geometrico berechnen, aber auf ihn können wir uns voll und ganz verlassen, weil die Treue die Offenbarung seine Wesens als Güte ist. Gottes Souveränität besteht darin, dass er mit der Schöpfung nichts gewinnt und nichts verliert. Dass Gott sich in uns Menschen einen kreatürlichen Verstand und Willen gegenüberstellt, ist nicht in seinem Bedürfnis begründet, von uns geliebt zu werden, sondern in seiner unerschöpflichen und nicht vermehrbaren Güte, die er uns so mitteilt, dass wir an der Liebes-Gemeinschaft von Vater und Sohn teilhaben und im Heiligen Geist ihre Wechselseitigkeit in alle Ewigkeit mit vollziehen dürfen.

Jeder individuelle Mensch existiert im Rahmen seiner geistig-leiblichen Natur, insofern Gott ihm durch den actus essendi Anteil an seinem Sein gibt. Denn wir sind durch das Wort geworden, das er in Ewigkeit selber ist. Darum wurden wir auch von aller Ewigkeit her, also schon vor der Zeit, zur Gottessohnschaft erwählt und vorherbestimmet. Es existiert also nicht erst der Mensch und dann kommt ihm sekundär zu seiner ratio essendi auch noch eine Bestimmung zu. Vielmehr ist der Akt der Schöpfung die Offenbarung des ewigen Heilswillens Gottes uns gegenüber in Zeit und Geschichte. Der allgemeine Heilswille Gottes, „der will, dass alle Menschen gerettet werden und zur Erkenntnis der Wahrheit gelangen" (1Tim 2,4), ist also im ewigen Wort und Willen Gottes zu sich begründet. Dies leuchtet uns ein, weil der Mittler der Schöpfung und des geschichtlichen Heils in Christus, dem ewigen Sohn des Vaters, ein und dieselbe Person ist. Der Schöpfer-Gott hat uns seinen lebenspendenden Geist in die Nase geblasen, damit wir zum lebendigen Fleisch wurden (vgl. Gen 2,7). „Zum Dasein hat er alles geschaffen und heilbringend sind die Geschöpfe der Welt. Kein Gift des Verderbens ist in ihnen, das Reich der Unterwelt hat keine Macht auf der Erde; denn die Gerechtigkeit ist unsterblich." (Weish 1,14) Trotz des unendlichen Unterschieds, der Gott selbst ist im Verhältnis zu uns, sind wir Menschen nicht seine Spielzeuge, Marionetten, Sklaven, sondern im personalen Gegenüber seine Partner, Söhne und Freunde. Durch Christus haben wir „in dem einen Geist Zugang zum Vater. Ihr seid also jetzt nicht mehr Fremde und ohne Bürgerrecht, sondern Mitbürger der Heiligen und Hausgenossen Gottes" (Eph 2,19). Wir sind darum nicht Untertanen, sondern freie Bürger im Reiche Gottes – der Civitas Dei.

Wir wissen also, warum wir auf Erden sind und wohin uns der irdische Pilgerweg führt. Unser erstes und unser letztes Wort, mit dem wir Gott danken für unser ganzes Leben und für unser Geschaffen-Sein, kann nicht besser formuliert sein als es der hl. Augustinus in seinen Confessiones versuchte:

„Groß bist du, Herr, und hoch zu preisen. Groß ist deine Macht und deine Weisheit unermesslich. Und preisen will dich der Mensch, ein winziger Teil deiner Schöpfung, ein Mensch, der mit sich herumschleppt die Last seiner Sterblichkeit. Schwer trägt er auch am Zeugnis seiner Sünde und am Zeugnis, dass du den Stolzen widerstehst. Und dennoch will dich loben der Mensch, selbst ein Teil deiner Schöpfung. Du selbst veranlasst ihn, in deinem Lobpreis seine Wonne zu suchen, denn geschaffen hast du uns im Hinblick auf dich, und unruhig ist unser Herz, bis es Ruhe findet in dir. – Tu excitas, ut laudare te delectet, quia fecisti nos ad te et inquietum est cor nostrum, donec requiescat in te."[35]

Seine einmalige Stellung im ganzen Universum verdankt der Mensch Gott, der ihn nach seinem Bild und Gleichnis geschaffen hat. Es ist keine Selbstüberschätzung, wenn wir uns als die Wesen verstehen, um derentwillen der Rest der Schöpfung besteht. Und auch nur unseretwegen und zu unserem Heil ist der Sohn Gottes vom Himmel herabgekommen und hat aus Maria unser Fleisch angenommen, um uns von der Sünde zu erlösen und um uns Anteil zu geben an der Herrlichkeit seiner Auferstehung von den Toten.

Gewiss im Hinblick auf die endlose Ausdehnung von Räumen und Zeiten kommen wir uns mit unserer Lebenserwartung von durchschnittlich 70 Jahren verloren vor. Und wir müssten uns selbstbezogen der Überheblichkeit schämen, wenn wir meinen, alles Glück der Welt hänge von uns ab. Schauen wir aber auf den Plan Gottes, der will, dass alle Menschen selig werden und durch Christus, den einigen Mittler zwischen Gott und den Menschen, zur Erkenntnis der Wahrheit gelangen (vgl. 1Tim 2,4 f.), dann begreifen wir das Wunder unsere Existenz aus der Liebe, die Gott selbst ist (vgl. 1Joh 4,8.16). „Das Gut des Weltalls ist größer als das Sondergut eines Einzelnen, wenn beides in derselben Gattung aufgefasst wird. Hingegen ist das Gut der Gnade eines Einzelnen größer als das Gut der ganzen Welt.“[36] Das heißt auch: Wir können unser leibliches Leben für andere aufopfern, dürfen aber nie von Gott abfallen. Denn erst in der Ordnung der Gnade geht uns die letzte Bestimmung auf zur Rechtfertigung aus der Gnade, derentwillen die Schöpfung besteht.

Die im Schöpfungsakt offenbar gewordene Gottebenbildlichkeit wird im Höhepunkt der Heilsgeschichte vertieft in die Christus-Ebenbildlichkeit. Denn im Logos wurden wir erwählt, erschaffen und auf seine historische Gegenwart im Fleisch Jesu Christi hin vorherbestimmt.

Denn Christus ist als der neue Adam, „der letzte Mensch, der vom Himmel gekommen ist“, das Maß und das Bild, nach dem wir gestaltet sind, indem wir mit ihm sterben und in ihm von den Toten auferweckt werden: Filius Dei qua homo – imago est hominis (vgl. 1Kor 15,48 f.; Röm 8,29; Offb 22,13). Ihn erkennen wir nur im Licht des Glaubens, wenn wir ihn mit freiem Willen und ganzer Hingabe in die Wohnung unseres Herzens aufnehmen. Nur in der gewollten Blindheit des Herzens kann es geschehen, dass Gott in sein Eigentum kommt und die Seinen sich weigern, den Sohn Gottes aufzunehmen (vgl. Joh 1,11). Es kann geschehen, dass sie sein Klopfen an der Tür ihres Herzens und seine Stimme bewusst überhören und sich selbst um die Gnade bringen, dass er eintritt und mit uns das Mahl hält (vgl. Offb 3,20), das „Hochzeitsmahl des Lammes" (Offb 19,9), zu dem jeder geladen war.

„Der Gott dieser Weltzeit hat das Denken der Ungläubigen verblendet. So strahlt ihnen der Glanz des Evangeliums von der Herrlichkeit Christi, der Gottes Bild ist, nicht auf." (2 Kor 4,4)

Wenn wir ihm aber öffnen und er mit uns und wir mit ihm Mahl halten, dann verwandelt sich das Licht des göttlichen Glaubens in die Schau Gottes von Angesicht zu Angesicht, dann leuchtet uns das ewige Licht seiner Herrlichkeit. „Wir alle aber schauen mit enthülltem Angesicht die Herrlichkeit des Herrn wie in einem Spiegel und werden so in sein eigenes Bild verwandelt, von Herrlichkeit zu Herrlichkeit, durch den Geist des Herrn." (2Kor 3,18)

Wo die Geschöpflichkeit des Menschen und damit seine personale Unmittelbarkeit zu Gott seinem Schöpfer theoretisch und praktisch geleugnet wird zugunsten der materialistischen Theorie vom Menschen als bloßem Zufallsprodukt einer sinnlos mit sich spielenden Natur, da ist es schwer den Begriff von der Wesens-Natur des Menschen plausibel zu machen. Es geht zu Beginn des 21. Jahrhunderts im Kern um die Alternative einer nihlistischen Ent-Personalsierung des Menschen oder um die Behauptung seiner Person-Würde, die auch seine leiblichen, sozialen und geschichtlichen Daseinsbedingungen umfasst. Der Mensch wird als ein Lebewesen von Mann und Frau gezeugt und von seiner Mutter geboren, aber nicht als ein Produkt im wissenschaftlichen oder sozialen Laboratorium künstlich hergestellt. Der Begriff der Natur kommt von nasci, d.h. geboren werden, und unterscheidet sich von einem Konglomerat, dem keine ursprüngliche Subsistenz in einem lebendigen Wesen zukommen kann. Im Fall des Menschen ist es das Person-Sein, das den Leib und Seele des Menschen zu einer inneren Einheit verbindet. Omne ens est unum. Der Mensch ist ein Geschöpf Gottes und damit heilig im Unterschied zu einem technischen Produkt, das von geschaffenem Verstand zusammengesetzt wird, dem aber kein Mensch in sein Angesicht das Leben des Geistes einhauchen kann.

Karl Marx (1818–1883) wollte sich von der Frage nach dem außerweltlichen Seins-Ursache des restlos sinnlichweltlichen Daseins des Menschen radikal emanzipieren. Er bediente sich der biblischen Sprache aber nur, um ihren Sinn ins Gegenteil zu verkehren. „Ein *Wesen* gibt sich erst als selbständiges, sobald es auf eigenen Füßen steht und es steht erst auf eigenen Füßen, sobald es sein *Dasein* sich selbst verdankt. Ein Mensch, der von der Gnade eines anderen lebt, betrachtet sich als ein abhängiges Wesen. Ich lebe aber vollständig von der Gnade eines anderen, wenn ich ihm nicht nur die Unterhaltung meines Lebens verdanke, sondern wenn er noch außerdem mein *Leben geschaffen* hat; wenn er der *Quell* meines Lebens ist und mein Leben hat notwendig einen solchen Grund außer sich, wenn es nicht meine eigene Schöpfung ist.“[37]

Haben wir Menschen des 21. Jahrhunderts nicht jetzt die größte Chance, unsere Science-Fictions in einer virtuellen Zukunft selbst zu verwirklichen? Sollen wir gleich mit Richard Dawkins, dem Doyen des Neoatheisten-Corps, die

Religionen ganz verbieten, „die an allem schuld sind“? Er ist sich ja sicher: Bis zum Jahr 2057 werden die Nachfolger von Darwin, Watson und Crick „die mystische Absurdität einer vom Körper losgelösten Seele zerstören.“ Sprung auf! Marsch, Marsch! „In fünfzig Jahren: Töten wir die Seele.“ Es gehe aber nur der „Seele der Mystiker und Theologen“ an den Kragen, während die Wissenschaft „die Seele der Neurowissenschaftler, Informatiker und weltoffenen Philosophen in ungeahnte Höhen emporheben wird.“[38] Sind wir nicht im Stande, nach der biologischen Evolution und der digitalen Revolution durch High-Tech-Programme endlich „die beste aller möglichen Welten“[39] an Stelle des gescheiterten Gottes selbst zu erschaffen, nachdem sich dessen Schöpfung als „die schlechteste aller möglichen Welten“[40] erwiesen hat?

Ist nach vielen vertanen Gelegenheiten nicht jetzt der Zeitpunkt gekommen, das „Paradies auf Erden“ zu errichten in einem kosmisch ent-grenzten Lebensraum? Sind wir nicht schon so weit, uns mit Hilfe der Künstlichen Intelligenz aus unserem realem Uni-Versum zu transzendieren in das „virtuelle Meta-Versum einer digitalen Unsterblichkeit“[41], das optimal auch ohne Gott (und ohne Liebe) funktioniert?

Tritt der Homo-Deus[42] an die Stelle Deus-Creator und überführt den klassischen Humanismus in den postmodernen Transhumanismus, für den der Leib nur noch Biomaterial ist für den technologischen Willen zur Macht mit der totalen Kontrolle des Seins?[43] Werde ich unsterblich, wenn meine Gehirnleistungen gescannt und meine DNA als Data auf einem USB-Stick oder in der Cloud gespeichert sind und bei Gelegenheit wieder heruntergeladen und mit Bio-Masse angereichert werden?

Ist auch die Zweigeschlechtlichkeit nur eine rohe Vorstufe der natürlichen Sexualität von Mann und Frau, die sich in einem Transgenderismus auflöst, wo der Leib nur das Biomaterial ist, das auf die beliebige Umgestaltung durch seinen Besitzer wie der Sklave auf den Befehl seines Herren wartet?

Im Licht des Glaubens an den Willen Gottes zu unserer Person in ihrer geist-leiblichen Natur und der Widerspiegelung unsere Gottebenbildlichkeit in der Differenz von Mann und Frau widerstehen wir dem anthropologischen Nihilismus und behaupten die Positivität des Seins und bezeugen, dass Gott die Hoffnung eines jeden Menschen ist in seinem Leben und Sterben.

Wer unter Minderwertigkeitskomplexen leidet, über Kränkungen durch seine Mitmenschen nicht hinwegkommt, wer lebensmüde ist und antriebsschwach, wer Zweifel daran hat, ob ihn sein Schöpfer im Voraus um seiner selbst will, um „an Wesen und Gestalt Seines Sohnes teilzuhaben" (Röm 8,29), der erhebe sein Herz zu Gott, seinem Vater, zu Christus, seinem Bruder, und zum Heiligen Geist, seinem göttlichen Freund und bete bei jedem Tagesanbruch:

„HERR, unser Herr, wie gewaltig ist dein Name auf der ganzen Erde, der du deine Hoheit gebreitet hast über den Himmel ... Seh' ich deine Himmel, die Werke deiner Finger, Mond und Sterne, die du befestigt: Was ist der Mensch, dass du seiner gedenkst, des Menschen Kind, dass du dich seiner annimmst? Du hast ihn nur wenig geringer gemacht als Gott, du hast ihn gekrönt mit Pracht und Herrlichkeit. Du hast ihn als Herrscher eingesetzt über die Werke deiner Hände, alles hast du gelegt unter seine Füße ... HERR, unser Herr, wie gewaltig ist dein Name auf der ganzen Erde!" (Ps 8,1–10).

5. Ich bin der Herr, dein Gott (Ex 20,2)

Nicht erst seit Feuerbachs Projektionstheorie gibt es den Verdacht, dass die Menschen sich ihre Götter nach ihrem eigenen Bild und Gleichnis formen und schaffen. Ihre Phantasie sei die schöpferische Energie und ihre Angst die treibende Kraft hinter der Geburt der unterschiedlichsten widersprüchlichsten Bilder, die sich die verschiedensten Kulturen vom Absoluten, von der Transzendenz, dem Heiligen, den Göttern, dem Jenseits machen. Nur eine Variante dieser göttlichen Kopfgeburten sei die Vorstellung von den Göttern als Personen nach menschlichem Muster. Und so habe eben auch Israel seinen National-Gott namens Jahwe entsprechend seinen Vorstellungen und Bedürfnissen produziert. Der biblische Monotheismus sei nichts anderes als das Ergebnis eines Prozesses der fortschreitenden Monopolisierung des Nationalgottes. Der Gott Israels sei nichts anderes als der Genius einer einzelnen vorderorientalischen, semitischen Stammeskultur, über den ein aufgeklärter Mitteleuropäer nur die Nase rümpfen könne.

In der Meinung, dass der biblische Monotheismus selbst nur die kulturell höchststehende Auffassung des Göttlichen sei, brachte Gotthold Ephraim Lessing (1729–1781) mit seiner „Ringparabel" das aufgeklärte Standardmodell des toleranten Religions-Pluralismus zum Ausdruck. Es gebe wohl die Wahrheit, aber sie sei grundsätzlich nicht in einer einzelnen Religion und Philosophie allein aussagbar, höchstens in allem zusammen. In jeder der drei monotheistischen Religionen spiegele sich auf komplementäre Weise der Glaube an den einen Gott jenseits aller dogmatischen Formeln und exklusiven kultischen Riten. „Nicht die Wahrheit, in deren Besitz irgendein Mensch ist oder zu sein vermeinet, sondern die aufrichtige Mühe, die er angewandt hat, hinter die Wahrheit zu kommen, macht den Wert des Menschen aus ... Wenn Gott in seiner Rechten alle Wahrheit und in seiner Linken den einzigen immer regen Trieb nach der Wahrheit, obschon mit dem Zusatze, mich immer und ewig zu irren, verschlossen hielte und spräche zu mir: ‚Wähle!' ich fiele ihm in Demut in seine Linke und sagte: ‚Vater, gib! Die reine Wahrheit ist ja doch nur für dich allein.'"[44]

Vor Kurzen bekannte mir gegenüber der katholische Oberbürgermeister von Palermo, dass er fest an Gott glaube, aber seinen Namen nicht kenne. Denn in seiner Stadt leben zu Tausenden die islamischen Immigranten, sodass sich die homogene christliche Kultur auflöst. Der gemeinsame anonyme Gott, dessen Wahrheit sich in seinen verschiedenen Namen spiegelt, die ihm die Religionen geben, das ist das Paradigma der politischen Elite in pluralistischen Gesellschaften. Damit wollen sie die dogmatischen Gegensätze der Religionen entschärfen und zugleich die pluralistische Gesellschaft mit einem zivilreligiösen Band zusammenhalten.

Vergleichen wir alle mythischen Religionen und alle philosophischen Annäherungen an die Transzendenz mit dem einzigartigen biblischen Glauben, dann erkennen wir einen gravierenden Unterschied. Überall finden wir ein geistliches Sehnen, ein ethisches Streben und ein geistiges Ergründen des Göttlichen und Heiligen, das sich uns aber für immer verbirgt oder ver-rätselt und sogar in seiner majestätischen Erhabenheit sein Desinteresse an den Sterblichen bekundet. Die Urerfahrung Israels ist dagegen nicht das Finden eines gesuchten Gottes, in dem sich der eigene Volksgeist repräsentiert, sondern das Wunder, von dem gefunden worden zu sein, der sein Volk gesucht und es besucht hat. Nicht die

Menschen suchen sich ihren Gott, sondern Gott sucht die Menschen und schlägt sein Zelt auf unter ihnen.

Das Einzigartige und Unvergleichbare des biblischen Gottesglaubens besteht doch darin, dass nicht irgendein Volk sich seinen Gott erwählt oder erschafft, sondern dass Jahwe sich ein Volk erwählt und es erschafft. So wie er „im Anfang" Himmel und Erde aus seinem Wort schuf (bara), so schuf (bara) er sich „im Anfang" der Heilsgeschichte ein Volk aus den 12 Stämmen. Israel ist „Gottes Geschöpf" (Jes 43,1.7), sein „heiliges Volk" (Lev 20,26), das er als sein Eigentum in Besitz nahm. „Das sind die Worte", die Gott durch Mose beim Bundeschluss „den Israeliten mitteilen" lässt: „Jetzt aber, wenn ihr auf meine Stimme hört und meinen Bund haltet, werdet ihr unter allen Völkern mein besonderes Eigentum sein. Mir gehört die ganze Erde, ihr aber sollt mir als Königreich von Priestern und als ein heiliges Volk gehören" (Ex 19,5 f.). Darum gilt:

1. Gott ist das Subjekt von Schöpfung und Heilsgeschichte. 2. Gottes schöpferisches und erwählendes Handeln ist das Prädikat. 3. Das Bundesvolk, nämlich das Israel Gottes und dann die Kirche Jesu Christi, ist das Objekt und die Frucht des Heilshandelns des dreifaltigen Gottes.

Welchen Namen könnten denn die Mensch Gott geben? Adam konnte nur im Auftrag Gottes den geschaffenen Realitäten Namen geben (vgl. Gen 2,19). Aber Gott kann von uns mit keinem Namen benannt werden. Nur Er kann sich selbst offenbaren. Mose, der künftige Mittler des Bundes, weiß von sich aus nicht, was er auf die Frage der Israeliten in der ägyptischen Gefangenschaft antworten soll, wie der Gott der Väter heißt. Doch Gott beauftragt Mose, zu den Israeliten zu sagen: „Der Ich-bin hat mich zu euch gesandt" (Ex 3,14). Gott, der sich selbst unendliche Gegenwart ist in reinem Sein, das nicht vom Auseinander der Zeit und des Raumes zerlegt wird und sich immer wieder zusammensetzen müsste, offenbart sein subsistierendes Selbst-Sein als seinen Namen für immer, in dem wir ihn anrufen von Geschlecht zu Geschlecht. Der Name Gottes ist:

„Ich bin der Ich bin" (Ex 3,14).

Der Begriff „Gott" ist also nicht die Bezeichnung für eine metaphysische Idee oder ein ethisches Postulat oder die Summenformel einer Welttheorie oder das betörende Klangbild lyrischer Theopoesie, sondern die Person, die sich mir offenbart, die mir unbedingtes Vertrauen einflößt, auf die ich mich ganz und gar verlassen kann und die mir die Entscheidung für sie spielend leicht macht. „An Gottes – wenigstens an dieses Gottes Dasein glauben, heißt glauben: Ich als Person stehe jetzt in der Gegenwart Gottes als einer Person. Was noch vor einem Augenblick bloße Meinungsschwankungen gewesen waren, sind jetzt Schwankungen in meiner persönlichen Haltung gegenüber einer Person. Ich steht nicht mehr vor einem Argument, das meine Zustimmung verlangt, sondern vor einer Person, die mein Vertrauen fordert."[45]

Das ist keine Definition, die ein individuell Seiendes durch die spezifische Differenz im Kontext einer allgemeinen Bestimmung umschreibt. Der Begriff „Gott", den wir in unseren menschlichen Sprachen verwenden, bezeichnet nicht eine Erscheinungsweise, Gattung oder das allgemeine Wesen, das durch viele Individuen fiktiv verwirklicht wird, wie etwa im mythologischen Polytheismus oder im Pantheismus, oder wenn wir sagen, das es faktisch existierende Individuen gibt, die alle das Wesen des Menschsein teilen. So sagen wir: Sokrates ist ein Mensch. Wir meinen ihn in seiner unwiederholbaren Besonderheit als Person, die „erste Substanz". Aber das Wesen des Menschseins, d.h. die zweite Substanz, kann auch durch unendlich viele andere Personen verwirklicht sein, d.h. subsistieren. Die Selbstoffenbarung Gottes in seinem Namen „Ich bin der Ich bin“, besagt, dass die göttliche Natur mit seinem Person-Sein identisch ist. Das Ich Jahwes ist sein Sein und das Ich-Sein sein Name, in dem wir ihn anrufen und in dem er sein WORT an uns richtet, sodass wir ihn in seinem GEIST verstehen. Der Begriff „Gott“ in der Ausdrucksweise der Bibel und der Sprache des kirchlichen Glaubens und Betens ist personal und relational zu verstehen. In der theologischen Fachsprache sagt man, ὁ θεός (ho Theos)/Deus ist personaliter sumptum und nicht essentialiter sumptum. Wir meinen immer den personalen Gott, der in sich selbst relational sein Wesen vollzieht und sich in seinen innergöttlichen Relationen auf die Schöpfung und den Bund bezieht und sich so den Menschen als Gnade und Wahrheit mitteilt.

Im Lichte der Trinitäts-Offenbarung sagen wir, dass sich die immanenten Prozessionen des Sohnes aus dem Vater und des Geistes aus dem Vater und dem Sohn in den Missionen von Sohn und Geist heilsgeschichtlich in die Welt hinein fortsetzen. Gott spricht uns in seinem WORT persönlich an. Und wir dürfen – belehrt durch Jesus, das Fleisch gewordene Wort, in Teilhabe an der Relation des Sohnes – zu Gott im Heiligen Geist sagen *Abba, Vater* (vgl. Röm 8,15; Gal 4,6), oder als Kirche des dreifaltigen Gottes: *Vater unser* (vgl. Mt 6,9).

Jesus hat nicht ein Verhältnis zu einer abstrakten Gottheit, die er sich dann als Person vorstellt, indem er sie vertraulich mit „mein Vater“ anspricht. ὁ θεός (ho Theos) ist im Alten und Neuen Testament immer die erste Person der Trinität. Wir werden durch den menschgewordenen Sohn des ewigen Vaters durch die Gnade der Gotteskindschaft in die realen Relationen des dreifaltigen Gottes real einbezogen. Dass Jesus wirklich der Sohn des Vaters ist und der Erlöser von unserer Gottentfremdung begründet die Wahrheit des Glaubens: „Wir heißen Kinder Gottes, wir sind es." (1 Joh 3,1)

Im Anfang der Bundes-Geschichte des erwählten Gottesvolkes offenbart Gott seinen Namen, der lautet: Ich bin der Ich bin. In der „Fülle der Zeit" ist das Reich Gottes nahe (Mk 1,15) und in der Person des Gott-Menschen Jesus Christus real präsent. Er ist die Auto-Basileia.[46] Hier und jetzt offenbart das Wort, das von Ewigkeit her bei Gott war und das Gott ist, durch den Mund Jesu das innerste Geheimnis Gottes, „der uns Menschen keinen anderen *Namen* unter dem Himmel gegeben hat, durch den wir gerettet werden" (Apg 4,12). Unsere Gotteskindschaft und Gottesfreundschaft ist real, weil wir *„auf den Namen des Vaters und des Sohnes und des Heiligen Geistes"* (Mt 28,19) getauft wurden. Dann gilt allen seinen Jüngern die Verheißung: „Und siehe, ich bin bei euch alle Tage bei bis ans Ende der Welt" (Mt 28,20). Der Name des „Ich bin, der ich bin" ist der „Name des Vaters und des Sohnes und des Heiligen Geistes" (Mt 28,19). Der *Name* Gottes ist für uns keine bloß liturgische Formel oder eine Projektion unzulänglicher Vorstellungen und Begriffsbildungen der endlichen Vernunft auf das unbekannte Geheimnis jenseits ihrer Reichweite. Der Name „Vater und Sohn und Heiliger Geist" ist Gott selbst in der Wirklichkeit seines ewigen Seins und Lebens, der sich in Jesus Christus real mitgeteilt hat. Das Mysterium der Trinität ist die Offenbarung des einen Gottes in drei Personen in der Identität seiner Realität und Präsenz, in der Einheit von Gottes ewigem Sein (immanente Trinität) und seinem geschichtlichem Handeln zu unserem Heil (ökonomische Trinität), von Christologie und Soteriologie.

Gott ist also durch das Endliche und Geschaffene nicht definierbar. Doch umgekehrt ist die Welt definiert auf ihn hin als das Geschöpf dessen, der sein ewiges Sein nicht durch Teilhabe besitzt, sondern es durch sein Wesen unendlich erfüllt und im vollkommen Besitz seiner selbst ist. Darum bleibt Gott für uns zugleich ein unverfügbares Geheimnis und tritt doch in eine unüberbietbare Nähe zu uns: „Denn in leben wir, bewegen und sind wir" (Apg 17,28).

Es ist vom Ansatz her fasch, bei der biblischen Selbstoffenbarung Gottes in seinem Namen „Ich bin der Ich bin" den dialektischen Gegensatz von griechischem und biblischen Denken zu beschwören oder, wie die Reformatoren, ganz extrem die Erbsünde als totalen Verlust jeder Gottesbeziehung zu interpretieren. Denn die Vernunft-Natur des Menschen ist Teilhabe an der göttlichen Vernunft und darum auf die Erkenntnis Gottes hin geordnet. Der Glaube als Akt und Inhalt ist ein Akt der Ganzhingabe an Gott mit Verstand und Willen, ein obsequium rationabile (vgl. Röm 12,2). Der vom Heiligen Geist erleuchtete Glaube ist geradezu das Gegenteil von einem irrationalen Gefühl der schlechthinnigen Abhängigkeit von einem überpersonalen Absoluten oder von einem opaken Jenseits (nach Art der schwarzen Löcher im Universum), das Gegenteil einer willkürliche Option, wie die Leute sagen: „Es muss doch irgendetwas Höheres geben." Auf dem Areopag der Philo-Sophia, der Liebe zur Weisheit, predigte der Apostel Christi die Weisheit der Liebe. Alle Menschen „sollten Gott suchen, ob sie ihn ertasten und finden könnten; denn keinem von uns ist er fern" (Apg 17,27). Der von oben eingegossene Glaube als Akt und Habitus der übernatürlichen Erkenntnis Gottes ist nicht die Ausschaltung des Vernunftlichtes, sondern sein höchstes Aufstrahlen durch das Licht, das „im Anfang" über alle Schöpfung sich ergoss und das in Christus, dem Wort Gottes, als die Person des Gott-Menschen in die Welt gekommen ist.

Gott, dessen ewige Macht und Gottheit durch das Denken und Urteilen der Vernunft erkennbar ist (vgl. Weish 13,1–9; Sir 17,6–11; Röm 1,19 f.) und der uns durch den Glauben an

Christus rechtfertigt (vgl. Röm 3,22), legte somit höchstselbst den Grund der Synthese von Vernunft und Glauben. In einem gewaltigen Werk von 1800 Seiten über die Geistesgeschichte seit Moses und Platon bis zur Analytischen Philosophie zeigt Jürgen Habermas (* 1929), ein genialer Vertreter der Frankfurter Schule, dass das „Verhältnis von Glauben und Wissen" die wahre Konstellation der okzidentalen Kultur ausmacht.[47] Alle Religionen, Philosophien und Zivilisationen bewegen sich zwischen den beiden kategorialen Polen des menschlichen Selbstverständnisses und des Weltverständnisses im universalen, d.h. katholischen, Hinblick auf die transzendentale Verwiesenheit jedes vernunftbegabten Wesens auf Gott als Ursprung, Sinn und Ziel der ganzen Schöpfung.

Gewiss gibt es auch in Gottes Bundesvolk das urmenschliche Suchen nach der Wahrheit und der Gerechtigkeit. Aber unter der Voraussetzung der Selbstvergegenwärtigung Gottes ist das Streben der allen Menschen gemeinsamen geistigen Natur durch die Gnade Gottes vollendet in der Anbetung Gottes und dem Gehorsam gegenüber seinen Geboten, die uns auf den Weg des Guten führen. „Denn welche große Nation hätte Götter, die ihr so nah sind, wie Gott, der Herr, uns nah ist, wo immer wir ihn anrufen?" (Dtn 4,7).

Die Nähe Gottes bei seinem Volk, der es aus der Sklaverei in das gelobte Land führt und uns durch das Leiden zur Erlösung gelangen lässt, ist geschichtlich unüberbietbar verwirklicht in der Menschwerdung seines Sohnes Jesus Christus. Jesus hat die Nähe und wirkende Gegenwart des Reiches Gottes verkündet und den ewigen Bund mit dem Neuen Gottesvolk gestiftet in seinem Blut. Und der von den Toten auferstandene Herr verheißt der apostolischen Jünger-Gemeinschaft das Bleiben bei seiner Kirche bis an das Ende der Zeit. Damit ist die Kirche als Leib Christi nicht nur das Werkzeug seines universalen Heilswillens, sondern auch als Haupt das handelnde Subjekt der Kirche, deren Glieder wir sind durch die Taufe. Der Christus praesens ist das Haupt des Leibes, der durch seine Glieder in der Welt das Heilswerk Christi fortführt, aktualisiert und universalisiert.

Der Gott, der sein Ich als das ewige Sein offenbart, das sein Wesen als immanente und heilsgeschichtliche Selbstmitteilung in seinem Wort und Geist ist, ist identisch mit seiner Präsenz in der Welt und im Herzen des Menschen. Gott ist der Herr. Seine Gottheit waltet nicht als passive Omnipräsenz des Ewigen über uns, sondern ist aktives Eingreifen Gottes zu unseren Gunsten. Denn Gott ist Gott als der Herr – Dominus Deus Israel.

Er ist der König seines Reiches, der basileia tou theou, die in der Person Christi und seiner Geschichte bis zu Kreuz und Auferstehung von dieser Welt Besitz genommen hat. Deshalb konnte der Apostel Thomas vor dem Sieger über Sünde und Tod niederfallen. Zu dem Gott-Menschen Jesus Christus sagte er: „Mein Herr und mein Gott“ (Joh 20,28).

In der Kontingenz des weltlichen Daseins und in der Bedrohung unseres ewigen und zeitlichen Heils durch die Bosheit und Sünde der Welt weichen wir nicht erschreckt zurück. Denn dem Volk Gottes auf dem gefährlichen Pilgerweg des Glaubens wird die Gewissheit geoffenbart: „Der Herr, dein Gott, ist ein großer und furchterregender Gott in deiner Mitte“ (Dtn 7,21).

Christus ist das fleischgewordene Herr-Sein Gottes. Im Wort, das Gott selbst ist, wohnt der dreifaltige Gott unter uns „und wir haben seine Herrlichkeit geschaut, die Herrlichkeit des einzigen Sohnes vom Vater, voll der Gnade und Wahrheit“ (Joh 1,14). „Jesus ist der Herr – Dominus Jesus.“ (Röm 10,9; 1 Kor 12,3) Das ist das ursprünglichste Bekenntnis der Kirche zur Gottheit Christi, weil in IHM die Gottesherrschaft geschichtlich voll realisiert ist. Das ist das ganze

Christus-Bekenntnis der Kirche, in dem alle Wahrheit enthalten ist, die in der Christologie künftig entfaltet werden sollte.

Das Reich Gottes ist in der Menschwerdung des Wortes und in seiner Proklamation in Jesus geschichtlich-präsent zu uns gekommen. Es verwirklicht sich fortwährend eschatologisch-futurisch, wenn wir zu unserem Vater im Himmel beten: „Dein Wille geschehe im Himmel wie auf Erden" (Mt 6,10). Hier sind wir an der Wurzel einer christlichen Moral, die weit hinausgeht über die Ethik des natürlichen und jedem vernünftigen Menschen in seinem Gewissen einleuchtenden Sittengesetzes.

Schon die Ethik Israels ist ganz theozentrisch ausgerichtet auf einen Gott der persönlichen Nähe und nicht auf einen Gott als Garanten und Kontrolleur der Prinzipien des natürlichen Sittengesetzes.

Der Deka-Logos ist Wort Gottes an uns. Die Thora steht im Horizont der Selbstoffenbarung Gottes: „Ich bin der Herr, dein Gott, der dich aus dem Land Ägypten geführt hat, aus dem Sklavenhaus" (Ex 20,2). Zu Recht wird dies im Licht des Christus-Ereignisses auf die umfassende Erlösung aus der Sklaverei der Gottlosigkeit des Sünders bezogen, der aus einem Freund zum Feind Gottes und damit zum Slaven von Sünde geworden war.

In Jesus vollzieht sich aber eine vertiefende Angleichung unseres Willens an den Willen Gottes, sodass wir zu Freunden Gottes werden. „Da wir mit Gott versöhnt wurden durch den Tod seines Sohnes, als wir noch Gottes Feinde waren, werden wir erst recht, nachdem wir versöhnt sind, gerettet werden durch sein Leben." (Röm 5,10) Die christliche Ethik ist Nachfolge Christi und Gleichgestaltung der Getauften, der Glieder seines Leibes, mit Christus, ihrem Haupt. Vor seinem Leiden betete Jesus im Garten Gethsemani: „Vater, wenn du willst, nimm diesen Kelch von mir! Aber nicht mein, sondern dein Wille soll geschehen“ (Lk 22,42). Aufgrund der hypostatischen Union unterwirft sich der menschliche Wille Jesu historisch-konkret ganz seinem göttlichen Willen, der ja schon wesenhaft eins ist mit dem ewigen Willen des Vaters und des Heiligen Geistes. Darin ist Jesus uns nun sacramentum et exemplum der Vereinigung unseres Willens mit dem Heils-Willen Gottes zu einem Leben im Geiste Christi. Christliche, monastische und priesterliche Mystik, Aszese und Ethik ist inkarnatorisch, sakramental und ekklesial begründet. Jünger Jesu sein in seiner Nachfolge bedeutet, den Weg des eigenen Lebens zu gehen in der Hingabe des Willens und im Opfer meines Lebens in „Geist, Seele und Leib“ (1Thess 5,23). „Was ich nun im Fleische lebe, lebe ich im Glauben an den Sohn Gottes, der mich geliebt und sich für mich dahingeben hat.“ (Gal 2,20) Unser Leben „in Wort und Werk“ (Kol 17) und im Tun und Leiden ist die Verherrlichung Gottes sowohl mit unseren angeborenen und erworbenen Talenten, als auch mit den uns vom Heiligen Geist geschenkten sakramentalen und charismatischen Gnaden. So dienen wir dem „Aufbau des Leibes Christi“ (Eph 4,12). „Er ist das Haupt, der Leib aber ist die Kirche.“ (Kol 1,18)

Der Sohn Gottes ist durch die Menschwerdung unser Erlöser von den Sünden und der Begründer unserer Gottes-Sohnschaft geworden. Er ist somit auch der „Mittler eines des Neuen Bundes“ (Hebr 9,15), „Priester nach der Ordnung des Melchisedek“ (Hebr 7,17). Mit seinem als Opfer hingegebenen Leib und „mit seinem eigenen Blut ist er ein für alle Mal in das Heiligtum hineingegangen und so hat er eine ewige Erlösung bewirkt“ (Hebr 9,12). Durch sein Opfer am Kreuz sind wir geheiligt und „für immer zur Vollendung geführt“ (Hebr 10,17). Wir brauchen nicht äußerlich Opfer Gott darzubringen, wie die Heiden es gegenüber ihren falschen Göttern tun oder durch großartige Leistungen ihr

Wohlgefallen zu erwerben suchen. Wir geben uns Gott hin als Gabe und Opfer in der Gleichförmigkeit mit Christus. Bei seinem inkarnatorischen Eintritt in die Welt sprach der Sohn zum Vater: „Schlacht- und Speiseopfer hast du nicht gefordert, doch einen Leib hast du mir bereitet ... Siehe ich komme, um deinen Willen zu erfüllen" (Hebr 10,5.7). Und das wissen wir als die adoptierten Söhne Gottes in Christus, der mit dem Vater und dem Heiligen Geist der eine Gott ist: „Aufgrund dieses Willens sind wir durch die Hingabe des Leibes Jesu Christi geheiligt – ein für alle Mal" (Hebr 10,10). Diese Hingabe des Leibes in Einheit mit dem Willen Christi bewahrt die christliche Dogmatik vor einer Ideologisierung des Glaubens, die Liturgie vor einem hohlen Ritualismus und die Moral vor einem Rigorismus, der seinen Zwillingsbruder, den Laxismus, nicht verleugnen kann.

Und das ist unsere liturgische und doxologische Gottesverehrung im Geiste Christi, zu der uns der Apostel anhält: „kraft der Barmherzigkeit Gottes eure Leiber als lebendiges, heiliges und Gott wohlgefälliges Opfer darzubringen" (Röm 12,1).

6. Ich bin das Brot des Lebens (Joh 6,35)

Die Ich-bin-Aussagen Jesu weisen ihn aus als den Offenbarer des Vaters. Er ist der dem Vater wesensgleiche Sohn Gottes. Er ist das fleischgewordene Wort. Mittels seiner Menschheit sagt er den Menschen die unüberbietbare Präsenz seiner Gottheit zu. So wie der Vater im Sohn ist und der Sohn im Vater ist als der eine Gott (vgl. Joh 10,30; 14,11), so wohnen seine Jünger im Haus des Vaters, der für jeden eine Wohnung bereithält (vgl. Joh 14,2). „Haus und Wohnung Gottes" sind nicht der Aufenthaltsort schöner Seelen im Reich der Ideale, sondern sind der Christus praesens, die Kirche, die Christus, der Sohn des lebendigen Gottes, auf den Felsen, auf Petrus bauen wollte (vgl. Mt 16,16–18), „die Kirche des lebendigen Gottes, Säule und Fundament der Wahrheit" (1Tim 3,15).

Der Vater und der Sohn kommen zu den Glaubenden und Liebenden und nehmen Wohnung bei ihnen (vgl. Joh 14,23). „An jenem Tag werdet ihr erkennen: Ich bin in meinem Vater, ihr seid in mir und ich bin in euch. Wer meine Gebote hat und sie hält, der ist es, der mich liebt; wer mich liebt; wer mich aber liebt, wird von meinem Vater geliebt werden und ich werde ihn lieben und mich ihm offenbaren." (Joh 14,20–22) Offenbarung im christlichen Sinn kann nicht reduziert werden auf die Information über Wahrheiten, die den natürlichen Verstand überragen. Offenbarung ist Selbstmittelung Gottes in Gnade und Wahrheit.

In den vielen menschlichen Worten Jesu, die Simon Petrus in Stellvertretung für die ganz Kirche als „Worte des ewigen Lebens" (Joh 6,68) erkennt, spricht sich das eine göttliche Wort aus, das im ewigen Anfang (ohne jeden zeitlichen Beginn) bei Gott war und das Gott ist. Die Menschheit Jesu ist der „Weg“, auf dem wir zu seiner Gottheit gelangen, in der Jesus, der Herr, „die Wahrheit und das Leben“ (Joh 14,6) ist. Die menschliche Natur dient der Gottheit Jesu Christi als das personal mit ihm verbundene Instrument und als Medium der Offenbarung seiner göttlichen Herrlichkeit. Die Menschheit Christi ist das Ur-Sakrament der Mitteilung der Versöhnung und der Gnade der Gotteskindschaft. Im Sakrament des Leibes und Blutes bleibt das Fleisch des menschgewordenen Sohnes Gottes für immer präsent in der Versammlung seiner Jünger, die als sichtbare Körperschaft seine leiblich-sichtbare Präsenz als Kirche ist.

Hier haben wir die dreifache Redeweise vom Leib Christi, seiner leiblichen Präsenz: seinem historischen Leib in seiner irdischen und verklärten Existenz, seinem sakramentalen Leib in der Eucharistie und seinem ekklesialen Leib, d.h. seine Gegenwart in der Versammlung seiner Gläubigen.

Wenn in der ersten Begegnung der Gebildeten der griechisch-römischen Kultur und ihrer Variante in der mythologischen Volks-Religiosität die Fleischwerdung des göttlichen Wortes und der Tod des Gottessohnes am Kreuz sowie seine leibliche Auferstehung intellektuellen Widerspruch und sakralästhetische Abscheu hervorriefen, dann musste erst recht der Glauben an sein Fleisch und Blut als Speise und Trank zum ewigen Leben Empörung über diesen „religiösen Fanatismus“ wecken, der offensichtlich bis zum Verzehr von Menschenfleisch ging (Kannibalismus, sogenannte thyesteische Mahlzeiten).

Denn die leibliche Gegenwart des Sohnes Gottes im Sakrament des Altares schien offenbar nur die letzte Konsequenz zu sein des Fehlers am Anfang eines falschen Spiels. Der Philosoph Kelsos, dem der christliche Gelehrte Origenes (185–253 n.chr.) eine ausgefeilte Erwiderung widmete, hatte im 2. Jahrhundert das Grundprinzip formuliert, welches das ganze christliche Mysterium aus den Angeln zu heben schien: „Kein Gott, ihr Juden und Christen, und kein Sohn Gottes ist jemals herabgekommen, noch wird er herabkommen."[48]

Wir Christen aber glauben, dass die Weisheit Gottes größer und seine Liebe mächtiger ist als wir es uns ausdenken können. Ich traue dem Wort Gottes mehr als meinen eigenen Augen und den Drehbewegungen meiner Gedanken. Was Menschen unmöglich erscheint, ist Gott möglich (vgl. Lk 1,37). Gott ist Liebe und er sorgt sich um seine Geschöpfe wie ein liebender Vater für seine Kinder.

In seiner großen Rede über das Brot vom Himmel in der Synagoge von Karfanaum (vgl. Joh 6,22–59) offenbart Jesus sich selbst als das Brot, das Gott darbietet und das der Welt das Leben gibt.

Diese Offenbarungs-Rede erschließt uns das Geheimnis von Person und Sendung des fleischgewordenen Wortes, des verbum incarnatum. Die Inkarnation des Wortes erschließt sich in ihrer ganzen Tiefe im Geheimnis der Eucharistie. Manche Exegeten zweifeln daran, ob ein Bezug zur Eucharistie vom Evangelisten bewusst insinuiert wird. Aber im Licht der liturgischen Praxis der Ur-Kirche, die am Herren-Tag sich zum Gedächtnis von Kreuz und Auferstehung ihres „Herrn und Gottes" (Joh 20,28) zum „Brotbrechen" (1Kor 10,16; Apg 2,42; 20,11) und zum „Herrenmahl" (1Kor 11,20), am „Tisch des Herrn" (1Kor 11,21) und an dem „einen Altar" (1Kor 10,18; Hebr 13,10) der Kirche versammelte, kann kein Zweifel an der sakramentalen Deutung der Worte sein, wenn der Sohn Gottes sagt: „Wer mein Fleisch isst und mein Blut trinkt, hat das ewige Leben und ich werde ihn auferwecken am Jüngsten Tag. Denn mein Fleisch ist wahrhaft eine Speise und mein Blut ist wahrhaft ein Trank" (Joh 6,54 f.).

Dieser für die Christologie und die Eucharistielehre so bedeutsamen Offenbarungsrede Jesu waren als Zeichen die Heilungen der Kranken und die Vermehrung der Brote für die hungrige Menge vorausgegangen. Die wunderbare Brotvermehrung, die der Stillung des leiblichen Hungers und der Erhaltung des physischen Lebens diente, wird eingeleitet mit den Worten, die an die Einsetzung der Eucharistie beim Letzten Abendmahl erinnern: „Dann *nahm* Jesus die Brote, sprach das *Dankgebet – eucharistesas* – und *teilte aus* an die Leute ... (Joh 6,11). Dieses Zeichen weist Jesus in den Augen der gläubigen Juden aus als den von Gott verheißenen „Propheten, der in die Welt kommen soll“ (Joh 6,14). Im Unterschied zu falschen Propheten, heidnischen Orakellesern, Totenbeschwörern und Zauberern, die dem Herrn ein Gräuel sind, ist der neue Prophet nach Mose gemeint, von welchem der Gott des Bundes mit seinem Volk sagte: „Einen Propheten wie dich will ich ihnen mitten unter ihren Brüdern erstehen lassen. Ich will ihm meine Worte in den Mund legen und er wird ihnen alles sagen, was ich ihm gebiete“ (Dtn 18,18).

Jesus, der als einfühlsamer Lehrer die Prioritäten des Volkes kennt, lenkt den Blick derer, die nach göttlichen Zeichen suchen, auf Gottes Wahrheit, die alle irdischen Erwartungen und Bedürfnisse ins Unendliche übersteigt. Die irdischen Freuden und vergänglichen Speisen können denjenigen, „die hungern und dürsten nach der Gerechtigkeit“ (Mt 5,6), nicht sättigen und selig machen. Darum mahnt Jesus jeden, der sein Jünger werden will: „Müht euch nicht ab für die Speise, die verdirbt, sondern für die Speise, die für das ewige Leben bleibt und die der Menschensohn euch geben wird! Denn ihn hat Gott, der Vater, mit seinem Siegel beglaubigt“ (Joh 6,27).

Und jeder handelt im Sinne Gottes, der an Jesus glaubt, den der Vater gesandt hat. Das Brot, das einst die Israeliten in der tödlichen Wüste wunderbar empfingen, war ihnen nicht von Mose, sondern von Jesu Vater vom Himmel herab gesandt worden. „Denn das Brot, das Gott gibt, kommt vom Himmel herab und gibt der Welt das Leben." (Joh 6,23) Die Zuhörer Jesu denken nun, dass dieses Brot eine Art von Dauerlebensmittel ist, dessen Nährstoffe von der Verdauung niemals aufgebraucht werden, und sind ganz verzückt von dem Gedanken, von der Last der täglichen Nahrungsbeschaffung befreit zu sein: „Herr, gibt uns immer dieses Brot" (Joh 6,34). Aber Jesus ist kein Verkäufer eines höchst komfortablen Wundermittels. Er ist die sichtbare Gegenwart Gottes, der uns durch Glaube und Liebe in sein ewiges Leben aufnimmt und uns gewaltsam befreit aus dem goldenen Käfig des vordergründig Notwendigen und des Vergnügungs-Programms nach dem Moto von panem et circenses. Jesus ist in seiner Person die Erfüllung der Sehnsucht nach dem Leben Gottes in uns. Darum antwortet er, das Fleisch gewordene Wort Gottes, dem Volk seines Bundes: „Ich bin das Brot des Lebens; wer zu mir kommt, wird nicht mehr hungern, und wer an mich glaubt, wird nie mehr Durst haben ... denn ich bin nicht vom Himmel herabgekommen, um meinen Willen zu tun, sondern den Willen dessen, der mich gesandt hat. Das aber ist der Wille dessen, der mich gesandt hat, dass ich keinen von denen, die er mir gegeben hat, zugrunde gehen lasse, sondern, dass ich sie auferwecke am Jüngsten Tag. Denn das ist der Wille meines Vaters, dass jeder, der den Sohn sieht und an ihn glaubt, das ewige Leben hat und dass ich ihn auferwecke am Jüngsten Tag" (Joh 6,35.38–40).

Wenn im Anschluss an diese Selbstoffenbarung des Sohnes Gottes der Evangelist Jesu Anspruch auf seine exklusive Heilsbedeutung für unser endgültiges Gottesverhältnis im Widerspruch zum „Murren der Juden" thematisiert, dann ist natürlich nicht anachronistisch die „jüdische Glaubensgemeinschaft" in ihrem späteren Gegensatz zur „christlichen Heilsgemeinde" gemeint, sondern das biblische Volk Gottes, das Gott in der Menschheit Christi erkennen und im Glauben bekennen soll.

Wie kann dieser bei uns aufgewachsene Dorfgenosse, Spielkamerad und Nachbarsbub namens Jesus Josefs-Sohn, mit dessen Vater und Mutter wir gut bekannt sind, in grotesken Widerspruch zu seiner kleinbürgerlichen Herkunft von sich sprechen als „Brot vom Himmel" und als Speise zum ewigen Leben?

Aber Jesus offenbart in diesem kritischen Augenblick seine wahre Herkunft von Gott, seinem Vater. Er steht zu ihm im „Verhältnis des Sohnes" sowohl seiner Gottheit wie auch seiner aus der Jungfrau Maria angenommenen Menschheit nach. So sagt es das christologische Dogma gemäß dem biblischen Gesamtzeugnis, dass es nicht zwei Söhne Gottes gibt gemäß der Irrlehre des Adoptianismus, der die Relation des Menschen Jesus zu Gott nicht subsistieren lässt in der Relation des ewigen Wortes zum Vater. Es gibt keine doppelte Ursprungsbeziehung Jesu als Gott bzw. Mensch zu Gott, sonst wäre Jesus seiner Menschheit nach nur adoptianisch mit Gott verbunden und nicht hypostatisch. Denn die menschliche Natur subsistiert in der ewigen Relation des Sohnes zum Vater. Auch uns, den Jüngern Jesu, die sich durch eine Wüste von Anfechtungen und Zweifeln auf dem Weg der Nachfolge täglich zum Glauben an Jesus vorwärts kämpfen, sagt Jesus: „Murrt nicht. Niemand kann zu mir kommen, wenn nicht der Vater, der mich gesandt hat, ihn zieht; und ich werde ihn auferwecken am Jüngsten Tag. Bei den Propheten steht geschrieben: Und alle werden Schüler Gottes sein. Jeder, der auf den Vater hört und seine Lehre annimmt, wird zu mir kommen. Niemand hat den Vater gesehen außer dem, der von Gott ist; nur er hat den Vater gesehen. Amen, amen ich sage euch: Wer glaubt, hat das ewige Leben. Eure Väter haben in der Wüste das Manna gegessen und sind gestorben. So aber ist es mit dem Brot, das vom Himmel herabkommt. Wenn jemand davon isst, wird er nicht sterben. Ich bin das lebendige Brot, das vom Himmel herabgekommen ist. Wer von diesem Brot isst, wird in Ewigkeit leben. Das Brot, das ich geben werde, ist mein Fleisch für das Leben der Welt“ (Joh 6,43–51).

Das Fleisch des Menschensohnes ist das Fleisch des Wortes, das der Sohn des Vaters angenommen hat, das von den Wunden des gegeißelten und gekreuzigten Christus gezeichnet ist, durch die wir geheilt worden sind (vgl. Jes 52,5). Das Geheimnis von Person und Sendung Jesu, der sein Fleisch hingibt für das Leben der Welt, ist nur in seinem Opfertod am Kreuz zu verstehen. „Denn Gott hat die Welt so sehr geliebt, dass er seinen einzigen Sohn dahingab, damit jeder, der an ihn glaubt, nicht verloren geht, sondern ewiges Leben hat.“ (Joh 3,16) Hier zeigt sich der innere Zusammenhang in der Dynamik von der Fleischwerdung des göttlichen Wortes zur erlösenden Opferhingabe Christ auf dem Altar des Kreuzes bis zu seiner bleibenden Gegenwart im eucharistischen Sakrament seines Leibes und Blutes.

Nur wer das Geheimnis der Liebe Gottes im Heiligen Geist bedenkt, kommt über den Widerstand des rationalistischen Verstandes und der positivistischen Horizontbeschränkung hinaus, weil das Fleisch des Menschen ohne den Geist Gottes nichts nützt (Joh 6,63), und das verwesliche „Fleisch und Blut“ des Menschen wird allein ohne Gottes Kraft „das Reich Gottes nicht erben“ (1Kor 15,50).

Hier gilt es den Blick auf Christus zu richten: „Wer von der Erde stammt, ist irdisch und redet irdisch. Er, der aus dem Himmel kommt, steht über allen. Was er gesehen und gehört hat, bezeugt er ... Wer sein Zeugnis annimmt, hat besiegelt, dass Gott wahrhaftig ist. Denn der, den Gott gesandt hat, spricht die Worte Gottes; denn ohne Maß gibt er den Geist. Der Vater liebt den Sohn und hat alles in seine Hand gegeben. Wer an den Sohn glaubt, hat das ewige Leben" (Joh 3,31–36).

Und noch einmal erheben sich die milden oder wütend-skeptischen Zweifel an der Fleischwerdung des Wortes und seiner Kraft, Speise zu sein für das ewige Leben. Wie kann einer bei klarem Verstand sein, der uns sein Fleisch zu essen geben will und uns dies mit der Garantie der Unsterblichkeit aufreden will?

Zwischen den extremen Missverständnissen des physischen Essens von materiellem Menschenfleisch und der spiritualistischen Ausdünnung zu einer Gesinnungsassimilation zeigt Jesus selbst den Heilsrealismus auf. Dieser ist die Grundlage für die sakramentale Gegenwart seines am Kreuz dahingegebenen Leibes und seines vergossenen Blutes unter den Gestalten von Brot und Wein. Unter diesen Gestalten ist er sakramental, wirklich gegenwärtig und doch den Augen verborgen mit der ganzen Wirklichkeit seiner Gottheit und Menschheit. Er ist das Da-Sein Gottes zum Heil der Welt und er vermittelt uns das ewige Leben in der Gemeinschaft von Vater und Sohn im Heiligen Geist. Verlassen wir uns voll und ganz auf das göttliche Wort, das aus Jesu menschlichem Mund zu uns spricht: „Amen, amen, ich sage euch: Wenn ihr das Fleisch des Menschensohnes nicht esst und sein Blut nicht trinkt, habt ihr das Leben nicht in euch. Wer mein Fleisch isst und mein Blut trinkt, hat das ewige Leben und ich werde ihn auferwecken am Jüngsten Tag. Denn mein Fleisch ist wahrhaft eine Speise und mein Blut ist wahrhaft ein Trank. Wer mein Fleisch isst und mein Blut trinkt, der bleibt in mir und ich bleibe in ihm. Wie mich der lebendige Vater gesandt hat und wie ich durch den Vater lebe, so wird jeder, der mich isst, durch mich leben. Dies ist das Brot, das vom Himmel herabgekommen ist. Es ist nicht wie das Brot, das die Väter gegessen haben, sie sind gestorben. Wer aber dieses Brot isst, wird leben in Ewigkeit“ (Joh 6,52–58).

Was lehrt die Kirche vom Geheimnis der Eucharistie?

„Unser Erlöser hat beim Letzten Abendmahl in der Nacht, da er überliefert wurde, das eucharistische Opfer seines Leibes und Blutes eingesetzt, um dadurch das Opfer des Kreuzes durch die Zeiten hindurch bis zu seiner Wiederkunft fortdauern zu lassen und so der Kirche, seiner geliebten Braut, eine Gedächtnisfeier seines Todes und seiner Auferstehung anzuvertrauen: das Sakrament huldvollen Erbarmens, das Zeichen der Einheit, das Band der Liebe, das Ostermahl, in dem Christus genossen, das Herz mit Gnade erfüllt und uns das Unterpfand der künftigen Herrlichkeit gegeben wird.“[49]

7. Das ist mein Leib (Mk 14,22)

In der großen Rede Jesu zu Kafarnaum war gemäß dem Ansatz der johanneischen Theologie unsere Erkenntnis der realen und sakramentalen, also real-symbolischen Gegenwart des Wortes Gottes im Fleisch Christi unmittelbar abgeleitet worden aus der Selbstoffenbarung seiner Gottheit.

Die drei Synoptiker führen uns aus der Perspektive der Menschheit Jesu zur Erkenntnis seiner Gottheit. Wir haben, wenn wir die paulinische Version (vgl. 1Kor 11,22–25) dazunehmen, vier Berichte von der Einsetzung der Eucharistie, des Sakramentes der Sakramente, während des Letzten Abendmahls in der Nacht vor seinem heilbringenden Leiden und Streben am Kreuz. Sie unterscheiden sich in Nuancen und stimmen überein in der Substanz. Jesus ist nicht irgendein Prophet, sondern der Sohn, den nur der Vater kennt, und der allein Gott, seinen Vater, den Menschen offenbaren will (vgl. Mt 11,27; Lk 10,22) Im klaren Wissen um die Heilsrelevanz seiner Selbsthingabe an den Vater nimmt er das ungerechte Urteil der Menschen über ihn an. Somit wandelt er die Gottlosigkeit und Gottesfeindschaft der Sünder um in ihre Versöhnung mit Gott (vgl. 2Kor 5,20). Denn er ist der einzige Mittler zwischen dem einzigen Gott und den vielen Menschen (vgl. 1Tim 2,5). „Der Mittler eines neuen Bundes“ (Hebr 9,15) „ist mit seinem eigenen Blut ein für allemal in das Heiligtum eingegangen und hat so eine ewige Erlösung bewirkt“ (Hebr 9,12). Denn „das Blut Christi, der sich selbst als makelloses Opfer Gott dargebracht hat, wird unser Gewissen von toten Werken reinigen, damit wir dem lebendigen Gott dienen“ (Hebr 9,14).

Die sakramentale Feier von Kreuz und Auferstehung in der hl. Messe ist also nicht eine szenische Wiederaufführung des Letzen Abendmahls, sozusagen eine sentimentale Agape-Feier oder eine religiöse Zeremonie zur Stärkung des Gemeinschaftsgefühls. Sie ist vielmehr das reale Gedächtnis und die objektive Vergegenwärtigung der Opferhingabe im Wort Christi, das der Priester spricht, und in den sakramentalen Zeichen von Brot und Wein. Christus ist dabei allerdings nicht das Objekt des Gedenkens. Wir als die Glieder seines Leibes sind nicht das primäre Subjekt des Gedenkens, sondern Christus ist das Haupt der Kirche und der eigentliche Spender aller Gnaden, die wir in den sieben Sakramenten der Kirche empfangen. Bei allen anderen Sakramenten sprechen wir von einer Aktual-Gegenwart Christi, der als der auferstandene Herr beim Vater lebt und herrscht und der als der Hohepriester der himmlischen und irdischen Liturgie vor Gott immer für uns eintritt. Aber in der Eucharistie ist er nicht nur als der Handelnde gegenwärtig, sondern „wahrhaft, wirklich und wesentlich", d.h. in der realen Substanz seiner menschlichen Natur, die – mit seiner Gottheit hypostatisch verbunden – Christus selbst ist, das Fleisch gewordene Wort Gottes. Die eucharistische Realpräsenz bedeutet nicht nur faktisches Vorhandensein des Leibes Jesu im Raum, sondern die Selbstdarbietung als Speise, damit wir durch sie Gemeinschaft mit dem Leben Gottes in uns haben. So wie der Sohn in der trinitarischen Gemeinschaft aus dem Vater lebt und ihm ewig seine Gottheit verdankt, so leben wir durch die sakramentale und ekklesiale Inkorporation in seinen inkarnatorisch angenommen menschlichen Leib in der Gemeinschaft mit dem Vater und dem Sohn im Heiligen Geist. Die sakramentale Kommunion verwirklicht unsere Teilhabe an der Perichorese der göttlichen Personen im Sein Gottes. Gottes Sein ist wesenhaft ewige Kommunion der Liebe (vgl. 1 Joh 4,8.12). Jesus, das

Fleisch gewordene Wort, der göttliche Sohn, der am Herzen des Vaters ruht, offenbart uns diese Wahrheit unserer Kommunion mit der heiligsten Dreifaltigkeit durch die Kommunion mit seinem inkarnatorischen Leib in seinen menschlichen Worten, wenn er spricht: „Wer mein Fleisch isst und mein Blut trinkt, der bleibt in mir und ich bleibe in ihm. Wie mich der lebendige Vater gesandt hat und wie ich durch den Vater lebe, so wird jeder, der mich isst, durch mich leben. Dies ist das Brot, das vom Himmel herabgekommen ist. Es ist nicht wie das Brot, das die Väter gegessen haben, sie sind gestorben. Wer aber dieses Brot isst, wird leben in Ewigkeit“ (Joh 6,54–58).

Die menschliche Natur ist ein abstrakter Begriff, der aber das bezeichnet, was den Menschen aus Fleisch und Blut konkret ausmacht. Der Mensch ist nicht das formgebende Prinzip seiner Seele, die in einem Körper wohnt wie ein König in seinem Schloss oder der Bettler in seiner Hütte. Die Materie ist das Prinzip unserer Individuation. Somit ist sein je eigener Leib die Existenz dieses konkreten Menschen. Der Leib besagt also unser konkretes, vierdimensionales Dasein in Raum und Zeit. Das Blut ist integraler Bestandteil unsere Leiblichkeit. Aber es bezeichnet auch den Unterschied des menschlichen Leibes von einem physikalischen Körper, insofern es real und symbolisch sein Leben bezeichnet. Der Mensch ist kein Stück Holz, sondern ein Wesen von Fleisch und Blut. Da Blut durchfließt das Herz, das es im Kreislauf durch den ganzen menschlichen Körper pumpt. Wehe uns, wenn unser Blut krank ist oder das Gehirn nicht ausreichend mit Sauerstoff versorgt wird und die Muskeln nicht regelmäßig durchströmt werden. Das Herzblut bezeichnet unseren Willen und ein Sollen, „den Herrn, deinen Gott zu lieben mit ganzem Herzen, mit ganzem Seele und mit deinem ganzen Denken und den Nächsten wie sich selbst“ (Mt 22,37–39).

Der Glaube der Kirche sagt eindeutig, dass der ganze Christus in jeder der beiden eucharistischen Gestalten mit seiner Gottheit und Menschheit voll und ganz enthalten ist. Die Gläubigen, die die hl. Kommunion nur unter der Gestalt des Brotes empfangen, entbehren also nicht der realen Gegenwart Christi und des Empfangs der sakramentalen Gnade. Im Hinblick auf die Gegenwart Christi in den beiden getrennten Gestalten von Brot und Wein ist es legitim, mit dem Leib Christi zuerst die geoffenbarte Wahrheit seiner substantialen Gegenwart zu verbinden und mit dem Blut Christi zuerst die Wahrheit seines Opfers, durch das die Welt von der Erbschuld befreit und die Menschen von ihren Sünden erlöst sind.

Während oder nach dem Paschamahl, in dem das Gottesvolk den Auszug aus dem Land der Knechtschaft memoriert, *nahm* Jesus Brot in seine Hände, *sprach* das große Dankgebet darüber, *brach* es und *gab* es seinen Jüngern mit den Worten: „Nehmt und esst, das ist mein Leib“ (Mk 14,22; Mt 26,26). Der Handlungszusammenhang von Nehmen und Brechen und Darreichen des Brotes wie auch das performative Wort des göttlichen Herrn, der das Brot in seinen Leib verwandelt und der das sichtbare Brot zum Zeichen seiner unsichtbaren Gegenwart in seinem gekreuzigten und verklärten Leibe macht, ist die Substanz der kirchlichen Eucharistie.

Paulus und Lukas fügen spezifizierend den Relativsatz hinzu, indem sie den Opfercharakter des Kreuzestodes unterstreichen: „Das ist mein Leib, der für euch hingegeben wird“ (1Kor 11,24; Lk 22,19).

Indem Jesus das Brot in seine Hände nimmt, zeigt er den Willen, durch sein göttlich-machtvolles Wort das Brot zum Realsymbol seiner lebensvermittelnden Gegenwart zu machen. In sichtbaren Gestalten bietet er uns real seinen Leib als Speise und sein Blut als Trank dar. Mit seinem

Wort und der Kraft seines messianischen Geistes konsekriert er Brot und Wein so, dass diese Zeichen und Mittel des natürlichen Lebens verwandelt werden in Zeichen und Mittel des übernatürlichen Lebens. Wir haben durch die Kommunion mit Jesus in seinem Fleisch und Blut Anteil an seiner Gottheit und damit an seiner Lebensgemeinschaft mit dem Vater im Heiligen Geist.

So wie das Geheimnis der Inkarnation die Kapazität und die Urteilskraft des endlichen Verstandes überschreitet, so kann die Wesensverwandlung (Transsubstantiation) von Brot und Wein in die innere Wirklichkeit des Fleisches und Blutes Christi nicht im Räsonnement des natürlichen Denkens plausibel gemacht werden, indem man Analogien zu natürlichen Verwandlungsprozessen der materiellen und ideellen Natur heranzieht. Das Lehramt hat alle Versuche einer Abschwächung der Realpräsenz im Sinne einer spiritualistischen Symbolisierung zurückgewiesen. Aber auch die Vorstellung einer Transformation der Materie in andere Aggregatzustände ist völlig abwegig. Der menschliche Verstand kann sich nur die Verwirklichung passiver Möglichkeiten ausdenken. Die Logik Gottes aber, an der wir im Glaubens-Licht teilhaben, besagt, dass Gott über alle aktiven Möglichkeiten verfügt. Nur er allein kann. was nicht ist, durch sein allmächtiges Wort ins Dasein rufen (vgl. Röm 4,17). So verwandelt er durch sein allmächtiges Wort die Substanz des Brotes und Weines in die Substanz des Leibes und Blutes Christi, damit wir bei ihrer Aufnahme als Speise und Trank die wirkliche Anteilhabe am Fleisch und Blut Christi empfangen. So wird er uns Speise zum ewigen Leben, wenn wir ihn im Glauben und der Liebe in unser Herz aufnehmen, sodass wir aus ihm existieren als Söhne und Töchter Gottes. Der Rückgriff der Theologie auf die Substanz-Kategorie des Aristoteles diente nicht der Herabminderung der übernatürlichen Glaubenswahrheit auf eine natürliche Vernunftwahrheit, sondern der Unterscheidung von göttlicher Realität und frommer Fiktion bzw. der Verflüchtigung unsere Gottesbeziehung zu einer religiösen Weltanschauung.

Die Welt, die von Gott geschaffen ist, verweist in allen ihren Erscheinungen symbolisch auf Gott, der lebt und Leben gibt. Er gibt uns in seiner Güte das Brot, das das Herz stark macht. Er schenkt uns den Wein, der des Menschen Herz erfreut (vgl. Ps 104,15). Die Symbolik von Brot und Wein, wie sie uns schon im Opfer des Melchisedek (vgl. Gen 14,19; Ps 110,4; Hebr 5,6; 7,2.17) begegnet, greift Jesus auf und erfüllt sie mit seiner inkarnatorischen Präsenz. Der Mensch kann gar nicht bloß in geistiger Abstraktion Gott begegnen, sondern bedarf der sinnenhaft-leiblichen Vermittlung. Unser Leib ist das Da-Sein unseres personalen Selbst in der Welt, in die Gott durch die Inkarnation eingetreten ist, und in der er immer schon als Schöpfer und Erhalter unseres Lebens real präsent war. Die Apostel begegneten Gott, indem sie Jesus in seinem körperlichen Dasein sahen, hörten und anfassten und somit auch mit seiner göttlichen Person in ein sinnenhaft vermitteltes Verhältnis eintraten. Der österliche Herr wollte darum auch sinnenhaft vermittelt und gegenwärtig sein als Speise und Trank für das ewige Leben. Er ist aber nicht sichtbar in seiner historischen, natürlichen Daseinsweise der vierdimensionalen Körperlichkeit. Er vergegenwärtigt das Fleisch und das Blut seiner verklärten menschlichen Natur, die zur Rechten Gottes im Himmel weilt, in dem angenommenen Erscheinungsbild von Brot und Wein. Seine leibliche Gegenwart mit Fleisch und Blut wird vermittelt und repräsentiert in der Versammlung seiner Jünger durch sein verkündigtes Wort und durch die sakramentalen Gestalten von Brot und Wein. Sie enthalten aber Christus in seinem Leib und Blut aktual und real per modum substantiae. Die sichtbaren Gestalten von Brot und Wein sind die sakramentalen Zeichen und Medien (sacramentum tantum) für die reale Gegenwart Christi mit seinem Fleisch und Blut in der konsekrierten Hostie und in dem konsekrierten Kelch mit Wein. Sie sind Wirklichkeit und Mittel (res et sacramentum) zum Heil des ewigen Lebens (res sacramenti), das ist nämlich die innere fruchtbare Teilhabe an Christi Menschheit und Gottheit.

Die innere Logik der Wesensverwandlung von Brot und Wein in die Substanz des Leibes und Blutes Christi hängt auch nicht ab von der naturphilosophischen Wende der neueren Naturwissenschaft, die den Begriff der „Substanz" auf die spezifische Zusammensetzung materieller Bestandteil einschränkt (also nur die causa materialis eines konkreten weltlich Seienden meint). Der Glaube stützt sich auf den Logos Gottes, an dem er im Heiligen Geist teilhat. Die eucharistische Substanzwandlung gründet in der Symbolhaftigkeit des Geschaffenen und damit in seiner Aufnahmefähigkeit für die reale Selbst-Mitteilung Gottes als Wahrheit und Leben des Menschen, der konkret existiert in seiner leiblichen, sozialen und geschichtlichen Welt. Das Geheimnis der Realpräsenz Christi in seiner verklärten Leiblichkeit wurzelt im Ur-Wunder der Menschwerdung Gottes.

Was ist das Wunder, vor dem wir auf die Knie fallen, um Christus anzubeten mit den Worten des Apostels Thomas „Mein Herr und mein Gott"?

Was glaubt also die Kirche aufgrund der Worte Christi von der realen Präsenz Christi in der Liturgie und der Kirche?

„Um dieses große Werk [des Heils in Opfer und Sakrament] voll zu verwirklichen, ist Christus seiner Kirche immerdar gegenwärtig, besonders in den liturgischen Handlungen. Gegenwärtig ist er im Opfer der Messe sowohl in der Person dessen, der den priesterlichen Dienst vollzieht – denn ‚derselbe bringt das Opfer jetzt dar durch den Dienst der Priester, der sich einst am Kreuz selbst dargebracht hat' [Trient, Messopfer-Dekret, Cap. 2] –, wie vor allem unter den eucharistischen Gestalten. Gegenwärtig ist er mit seiner Kraft in den Sakramenten, sodass, wenn immer einer tauft, Christus selber tauft. Gegenwärtig ist er in seinem Wort, da er selbst spricht, wenn die heiligen Schriften in der Kirche gelesen werden. Gegenwärtig ist er schließlich, wenn die Kirche betet und singt, er, der versprochen hat: ‚Wo zwei oder drei versammelt sind in meinem Namen, da bin ich mitten unter ihnen' (Mt 18,20). In der Tat gesellt sich Christus in diesem großen Werk, in dem Gott vollkommen verherrlicht und die Menschheit geheiligt werden, immer wieder die Kirche zu, seine geliebte Braut. Sie ruft ihren Herrn an, und durch ihn huldigt sie dem ewigen Vater. Mit Recht gilt also die Liturgie als Vollzug des Priesteramtes Jesu Christi; durch sinnenfällige Zeichen wird in ihr die Heiligung des Menschen bezeichnet und in je eigener Weise bewirkt und vom mystischen Leib Jesu Christi, d.h. dem Haupt und den Gliedern, der gesamte öffentliche Kult vollzogen. Infolgedessen ist jede liturgische Feier als Werk Christi, des Priesters, und seines Leibes, der die Kirche ist, in vorzüglichem Sinn heilige Handlung, deren Wirksamkeit kein anderes Tun der Kirche an Rang und Maß erreicht."[50]

8. Das ist mein Blut (Mk 14,24)

Die Kirche feiert in treuer Überlieferung der Apostel die Eucharistie, die der Sohn Gottes, der Herr, beim letzten Abendmahl den Jüngern als immerwährendes Gedächtnis seines Leidens aufgetragen hat. Durch die Kommunion mit dem Sohn Gottes im Leibe Christi haben wir Kommunion mit dem dreifaltigen Gott und haben teil an seinem ewigen Leben in der Liebe des Vaters und des Sohnes und des Heiligen Geistes. „Der Kelch des Segens ist Teilhabe am Blut Christi." (1Kor 10,16) Das Trinken aus diesem Kelch des am Kreuz vergossenen Blutes Christi vermittelt uns die Kommunion mit der Perichorese der drei göttlichen Personen. „Wenn ihr das Fleisch des Menschensohnes nicht esst und sein Blut nicht trinkt, habt ihr das Leben nicht in euch. Wer mein Fleisch isst und mein Blut trinkt, hat das ewige Leben und ich werde ihn auferwecken am Jüngsten Tag. Wer mein Fleisch isst und mein Blut trinkt, der bleibt in mir und ich bleibe in ihm. Wie mich der lebendige Vater gesandt hat, und wie ich durch den Vater lebe, so wird jeder, der mich isst, durch mich leben." (Joh 6,54–57) Paulus erinnert die Korinther daran, dass Jesus nach dem Wort über das Brot den Kelch nahm und seinen Jüngern reichte, indem er sagte: „Dieser Kelch ist der Neue Bund in meinem Blut" (1Kor 11,25). Und der Apostel fügt erläuternd hinzu: „Denn sooft ihr von diesem Brot esst und aus dem Kelch trinkt, verkündet ihr den Tod des Herrn, bis er wiederkommt. Wer also unwürdig von dem Brot isst und aus dem Kelch trinkt, macht sich schuldig am Leib und Blut des Herrn" (1Kor 11,26 f.).

Dass Paulus die somatische Realpräsenz klar kennt und eindeutig lehrt, also glaubt, dass unter den Gestalten von

Brot und Wein Christus in seinem Leib und Blut leiblich gegenwärtig ist, hatte er schon vorher gezeigt, als er von der Unvereinbarkeit der gleichzeitigen Teilnahme am Herrenmahl und an heidnischen oder andersreligiösen Kultfeiern sprach: „Ich rede doch zu verständigen Menschen; urteilt selbst über das, was ich euch sage! Ist der Kelch des Segens, über den wir den Segen [die eucharistischen Konsekrationsworte] sprechen, nicht Teilhabe am Blut Christi? Ist das Brot, das wir brechen, nicht Teilhabe am Leib Christi? Ein Brot ist es. Darum sind wir viele ein Leib; denn wir haben teil an dem einen Brot" (1Kor 10,15–17).

Bei der Konsekration des Weines und der Darbietung der Gemeinschaft mit seinem Blut nahm Jesus im Abendmahlsaal sein Opfer am Kreuz zeichenhaft und real voraus. Die Einsetzung des Allerheiligsten Sakramentes beim Letzen Abendmahl ist also die sakramentale Vorwegnahme des Kreuzesopfers, während das eucharistische Opfer der Heiligen Messe seine sakramentale Vergegenwärtigung ist. Die Kirche feiert darum die Göttliche Liturgie als das sonntägliche Real-Gedächtnis des Paschamysteriums von Kreuz und Auferstehung Jesu bis zu seiner Wiederkunft und der Aufnahme aller Geretteten in die ewige „Wohnung Gottes unter den Menschen" (Offb 21,3). Denn das bei seinem Opfer auf dem Altar des Kreuzes aus seinen Wunden geflossene Blut Christi ist das „Blut des Bundes, das für viele vergossen wird zur Vergebung der Sünden" (Mk 14,24; Mt 26,28; Lk 26,20). Auch den Heiden, denen der Gott des Bundes mit Israel fern und fremd war, gilt die Verheißung: „Jetzt seid ihr, die ihr einst in der Ferne wart, in Christus Jesus, nämlich durch sein Blut, in die Nähe gekommen" (Eph 2,13).

Der Bezug zum Blut des Bundes, mit dem beim Heilsopfer Mose das Volk besprengte (Ex 24,8), zum Neuen Bund Gottes mit seinem Volk (vgl. Jer 31,31; Sach 9,11) im Blut seines Sohnes liegt auf der Hand. Ebenso wichtig ist die

Applikation des stellvertretenden Sühnetodes des Gottesknechtes „für die Sünden der Vielen“ (Jes 53,12). Nur so verstehen wir den Kreuzestod Christi als Opfer der Versöhnung. „Ja, Gott war es, der in Christus die Welt mit sich versöhnt hat, indem er ihnen ihre Verfehlungen nicht anrechnete und unter uns das Wort von der Versöhnung aufgerichtet hat.“ (2Kor 5,19) Den Verweis auf den priesterlich-liturgischen Dienst der Apostel und ihrer Nachfolger im Bischofs- und Priesteramt in der nachösterlichen Kirche liefern Paulus und Timotheus, die Verfasser des Zweiten Briefes an die Korinther: „Wir sind also Gesandte an Christi statt und Gott ist es, der durch uns mahnt. Wir bitten euch an Christi statt: Lasst euch mit Gott versöhnen“ (2Kor 5,20).

Durch das Blut Christi sind auch die Heiden in die Nähe Gottes gekommen und bilden die neue endzeitliche Heilsgemeinde aus „Juden und Heiden.“ Denn Christus „versöhnte die beiden durch das Kreuz mit Gott in einem einzigen Leib ... Denn durch ihn haben wir beide Zugang zum Vater in dem einen Geist ... Durch ihn werdet auch ihr zu einer Wohnung Gottes im Geist mit erbaut“ (Eph 2,13.18.22).

Angesichts der Selbst-Offenbarung Christi, wie sie uns im Zeugnis der Ur-Kirche überliefert wird, kann es keinen Zweifel geben am Kreuz als Opfer des Neuen Bundes und an der eucharistischen Liturgie als sakramentaler Vergegenwärtigung des historisch einmaligen Opfers Christi am Kreuz und an der himmlischen, immerwährenden Liturgie der Hingabe Jesu an den Vater. Das Opfer der Lebenshingabe Jesu ist vorweg schon eröffnet im Dank des Sohnes für den Empfang der Gottheit im ewigen Hervorgang des Sohnes aus dem Vater. Er bietet dankend seine Gottheit dem Vater dar. Und beider Liebe vereinigt sich ewig und zeitlich im Heiligen Geist. Denn das Blut Christi „reinigt unser Gewissen von toten Werken“ und heiligt uns deshalb, weil der Sohn Gottes „sich selbst als makelloses Opfer kraft ewigem Geistes Gott dargebracht hat, ... damit wir dem lebendigen Gott dienen“ (Hebr 9,14). An der trinitarischen Kommunion der Liebe haben wir Anteil vermittels der sakramentalen Kommunion mit dem eucharistischen Leib und Blut Christi. In seiner Menschwerdung und freiwillentlichen Entäußerung bis zum Tod am Kreuz (vgl. Phil 2,6–11) hat er die Sünde als Widerspruch der Menschen zu ihrem notwendigen Dank an Gott für ihr Geschaffen-Sein unterfangen und umfasst. Deshalb wurde die Sünde nicht nur vergeben, sondern die Schuld wurde vernichtet und völlig aufgelöst in dem unendlichen Meer der je größeren Liebe des Sohnes zum ewigen Vater. Damit ist unsere Eucharistie reale Anteilhabe an der Danksagung Jesu für den ewigen Empfang seiner Gottheit. Sie wird gefeiert im Zeichen des Opferhingabe seines menschlichen Lebens für das Heil der Welt. Im Opfer danken wir, die Glieder des Leibes Christi, Gott dem Vater im Heiligen Geist. Wir sagen Dank im Heiligen Geist durch das Haupt der Kirche, denn „ich lebe im Glauben an den Sohn Gottes, der mich geliebt und sich für mich dahingegeben hat“ (Gal 2,20) „als Gabe und Opfer, das Gott gefällt“ (Eph 5,2). Wir applaudieren also nicht wie Außenstehende für eine gelungene göttliche Performance, für die Heldentat eines guten Menschen zu unseren Gunsten. Gott kann nicht verehrt und beeinflusst werden durch äußere Opfer wie bei den Heiden. Die wahre Gottesverehrung besteht im Opfer der Kirche, wenn wir „kraft der Barmherzigkeit Gottes unseren Leib [= unsere irdische Existenz] als lebendiges, heiliges und Gott wohlgefälliges Opfer darbringen“ (Röm 12,1).

Das Messopfer ist also die sakramentale Vergegenwärtigung des Kreuzesopfers. Die Messe ist Lobopfer (hostia laudis) und Danksagung (eu-charistia). Sie ist Anbetung und Verherrlichung Gottes durch und in Christus, der das Haupt der Kirche ist. Und in der Messe sind Bitt- und

Sühneopfer nicht aus sich wirksam, sondern weil die Versöhnung, die Gott erwirkt hat, uns in unseren täglichen Sünden und Fehlern zugewendet wird nach dem Maß, wie wir uns Christus geistlich gleichgestalten lassen.[51] Wir Christen sollen gewiss nicht sündigen. „Wenn aber einer gesündigt hat, haben wir einen Beistand beim Vater: Jesus Christus. Er ist die Sühne für unsere Sünden, aber nicht nur für unsere Sünden, sondern auch für die der ganzen Welt." (1Joh 2,2)

Die Erbschuld wird im Getauften, der im Glauben um dieses Sakrament bittet, ein für alle mal getilgt, und ihm werden alle persönlichen Sünden vergeben. Der Getaufte ist in den Leib Christi, seine menschliche Natur, eingegliedert. Die Gotteskindschaft bedeutet Teilhabe am personalen Verhältnis des Sohnes zum Vater im Heiligen Geist aufgrund der Menschwerdung Christi und der sakramentalen Inkorporation in den ekklesialen Leib Christi. Wer zur heiligen Kommunion hinzutreten will und sich einer schweren Sünde, „die zum Tod führt" (1Joh 5,16), bewusst ist, muss vorher durch das Bußsakrament die Vergebung erlangen oder wenigstens mit vollkommener Reue seine Sünden bereuen und den Vorsatz haben, bei nächster Gelegenheit seine Sünden einem Priester zu beichten.

In der Lutherischen Confessio Augustana (CA 24) wird das Messopfer von den Reformatoren deshalb völlig falsch verstanden, weil man – unter der Voraussetzung, dass sie ein menschliches Werk der Selbstrechtfertigung sei – den Katholiken unterstellte, das Kreuzesopfer nur als Tilgung der Erbsünden aufzufassen, während sie dem Messopfer angeblich die Tilgung der postbaptismalen schweren Sünden zuschrieben. Durch das menschliche Werk des Messopfers würde also der zornige Gott versöhnt. In Wirklichkeit glauben die Katholiken, dass das Messopfer in seiner Substanz identisch ist mit dem Kreuzesopfer und nur als liturgischer Ritus von ihm sich unterscheidet. In dem einzigen und demselben Opfer, also am Kreuz, und in seiner liturgischen Vergegenwärtigung bringt sich der Sohn als Haupt der Kirche und der ganzen Schöpfung Gott dem Vater dar, indem er alle Glieder seines Leibes in seine liebende Selbsthingabe an den Vater einbezieht. Im übrigen wird Gott nicht versöhnt, weil sein „Zorn über die Sünde der Welt" nicht eine immanente Änderung seines göttlichen Wesens oder gar eine Störung seines trinitarischen Verhältnisses zu sich selbst wäre, sondern weil er unser gestörtes Verhältnis zu sich, dem Gott der dreieinigen Liebe, korrigiert und saniert.

Der Begriff des opus operatum für die objektive Wirksamkeit der Sakramente hat nichts damit zu tun, dass es sich bei der Heiligen Messe um ein menschliches Werk handelt, um vor Gott gerecht zu werden. Gemeint ist die Wirksamkeit des Sakraments, das nicht durch die Frömmigkeit des Spenders oder Empfängers wirkt, sondern durch Christus selbst, der der eigentliche Spender der Gnade ist. Das Messopfer hat nicht aus sich selbst als liturgischer Ritus, sondern als sakramentaler Modus der Vergegenwärtigung des Kreuzesopfers eine Wirkung bei Gott. Freilich besteht die Wirkung der Messe, nämlich die Vergegenwärtigung des Kreuzesopfers und die daraus erwachsenden Früchte für die fromm mitfeiernden Christen, nicht in der Reaktion Gottes auf menschliches Tun, sondern umgekehrt ist unsere Lebenshingabe an Gott eine Wirkung seiner Gnade, in der er uns mit sich versöhnt hat. Das ist der Neue Bund im Blut Christi.

Luthers Vorwurf, das Messopfer ergänze die Wirkung des Kreuzesopfers und hätte aus der instrumentalen Vermittlung der Gabe Gottes an uns ein menschliches Werk oder ein Opfer gemacht, durch das wir uns Gnade erwerben und verdienen, stößt schon deshalb ins Leere, weil von der allgemeinen Sakramentenlehre her bekannt ist, dass die Sakramente die Gnade nur instrumentaliter bewirken, während

Gott allein, „solus Deus“ (!), die innere Gnade und Wirkung – hier die Realpräsenz von Fleisch und Blut Jesu als Darstellung des Kreuzestodes – hervorbringt.

Schon 3 Jahrhunderte vor Luthers Missinterpretation erklärte Thomas von Aquin (1225–1274), der doctor communis, den katholischen Glauben so:

„Die eigentliche Wirkung des Sakraments aber wird nicht durch das Gebet der Kirche noch durch das seines Dieners erlangt, sondern durch das Verdienst des Leidens Christi, dessen Kraft in den Sakramenten wirkt. Daher wird auch die Wirkung des Sakramentes nicht besser durch einen besseren Spender. Eine damit verbundene Gnade jedoch kann dem Empfänger des Sakramentes durch die Andacht des Spenders erfleht werden. Aber auch diese bewirkt nicht der Spender, sondern er erfleht nur, dass Gott sie bewirkt.“[52]

Das Plus der vielen Messen, die sich der Anordnung Christi „Tut dies zu meinem Gedächtnis“ verdanken, besteht nicht in einem inhaltlichen Zusatz zum Kreuzesopfer, sondern in der aktuellen Verbindung der Christen in der Nachfolge des gekreuzigten und auferstandenen Herrn. Der hl. Augustinus sagte über 1100 Jahre vor dem Auftreten des Protestantismus: „Das ist das Opfer der Christen: ‚die vielen ein Leib in Christus‘. Dieses Opfer feiert die Kirche auch durch das den Gläubigen bekannte Sakrament des Altares, worin ihr vor Augen gehalten wird, dass sie in dem, was sie darbringt, selbst dargebracht wird.“[53]

Wer in der katholischen Eucharistie und im protestantischen Abendmahl lediglich verschiedene rituelle Versionen eines innerweltlichen Gemeinschaftserlebnisses mit subjektiver Erinnerung an Jesus als eine großartige Persönlichkeit aus ferner Vergangenheit sieht oder ihn als eine Art Mahatma Gandhi und Dalai Lama für die Gegenwart versteht, dem muss die Frage nach der Beziehung zwischen Kreuzes- und Messopfer als eine Spiegelfechterei vorkommen. Wenn der Tod Christi am Kreuz nur als die bewundernswerte und vorbildliche Treue eines Menschen zu seiner Überzeugung geschätzt wird, dann wird seine universale Heilsbedeutung radikal verkannt. Ohne das Sterben Jesu für unsere Sünden und ohne seine Auferstehung von den Toten „wäre unser Glaube nutzlos" und wir wären noch in unseren Sünden; „und auch die in Christus Entschlafenen sind dann verloren" (1Kor 15,17 f.).

Auch bald 500 Jahre nach der großen Kontroverse um das Messopfer, an dem sich die Wahrheit der katholischen Auffassung des Christentums entscheidet, ist es angezeigt, sich die Lehre des Konzis von Trient im Dekret über das Messopfers neu vor Augen zu führen:

1. Kap: Die Einsetzung des heiligen Messopfers

„Da es nach dem Zeugnis des heiligen Paulus im Alten Bund wegen der Ohnmacht des levitischen Priestertums keine Vollendung gab, so musste nach der Anordnung Gottes, des Vaters der Erbarmungen, ein anderer Priester nach Melchisedeks Ordnung aufstehen, unser Herr Jesus Christus, der alle, die geheiligt werden sollten, vollenden und zur Heiligkeit führen konnte (vgl. Hebr 10,14). Dieser unser Gott und Herr hat zwar einmal auf dem Altar des Kreuzes sich selbst im Tod Gott dem Vater als Opfer darbringen wollen, um für jene die ewige Erlösung zu wirken. Weil aber durch den Tod sein Priestertum nicht ausgelöscht werden sollte, so wollte er beim letzten Mahl in der Nacht des Verrates seiner geliebten Braut, der Kirche, ein sichtbares Opfer hinterlassen, wie es die Menschennatur erforderte, in dem jenes blutige Opfer, das einmal am Kreuze dargebracht werden sollte, dargestellt, sein Andenken bis zum Ende der Zeiten bewahrt und seine heilbringende Kraft zur Vergebung der Sünden, die wir täglich begehen, zugewandt werden sollte. So sagte er von sich, dass er in Ewigkeit zum Priester bestellt sei nach der Ordnung des Melchisedek (Ps 109,4); er brachte Gott dem Vater seinen Leib und sein Blut unter den Gestalten von Brot und Wein dar, reichte ihn den Aposteln, die er damals zu Priestern des Neuen Bundes bestellte, unter denselben Zeichen zum Genuss und befahl ihnen und ihren Nachfolgern im Priestertum dieses Opfer darzubringen mit den Worten: Tut dies zu meinem Andenken usf. (Lk 22,19; 1 Kor 11,24). So hat es die Katholische Kirche stets verstanden und gelehrt. Denn nach der Feier des alten Osterlamms, das die Schar der Söhne Israels zur Erinnerung an den Auszug aus Ägypten schlachtete, setzte er das neue Osterlamm ein, sich selbst, auf dass er von der Kirche durch die Priester unter sichtbaren Zeichen geopfert werde zum Gedächtnis an seinen Hinübergang aus der Welt zum Vater, als er uns durch das Vergießen seines Blutes erlöste, uns der Welt der Finsternis entriss und in sein Reich versetzte (Kol 1,13).

Das ist jenes reine Opfer, das durch keine Unwürdigkeit und Schlechtigkeit derer, die es darbringen, befleckt werden kann, von dem der Herr durch Malachias vorhersagte, es werde seinem Namen, der groß sein werde unter den Heidenvölkern, an jedem Ort als reine Gabe dargebracht (Mal I, II); auf das der Apostel Paulus im Brief an die Korinther nicht undeutlich anspielte, wenn er sagt, die sich durch Teilnahme am Tisch der Dämonen befleckt haben, die können nicht teilnehmen am Tisch des Herrn (1 Kor 10,21). Dabei versteht er unter dem Tisch beidemal den Altar. Es ist ferner jenes Opfer, das durch die vielfältigen Opfer zur Zeit des bloßen Naturgesetzes und des geoffenbarten Gesetzes vorgebildet wurde, da es ja alle Güter, die durch sie bezeichnet wurden, als ihre Erfüllung und Vollendung einschließt."[54]

2. Kap.: Das sichtbare Opfer – ein Sühneopfer für Lebende und Tote

„Weil in diesem göttlichen Opfer, das in der Messe gefeiert wird, derselbe Christus enthalten ist und unblutig geopfert wird, der sich selbst am Kreuzaltar dargebracht hat, so lehrt die heilige Kirchenversammlung: Dieses Opfer ist ein wirkliches Sühneopfer, und es bewirkt, dass wir ‚Barmherzigkeit erlangen und die Gnade finden zu rechtzeitiger Hilfe' (Hebr 4,16), wenn wir mit geradem Herzen, mit rechtem Glauben, mit Scheu und Ehrfurcht, zerknirscht und bußfertig vor Gott hintreten. Versöhnt durch die Darbringung dieses Opfers, gibt der Herr die Gnade und die Gabe der Buße, und er vergibt die Vergehen und Sünden, mögen sie noch so schwer sein. Denn es ist ein und dieselbe Opfergabe, und es ist derselbe, der jetzt durch den Dienst der Priester opfert und der sich selbst damals am Kreuz darbrachte, nur die Art der Darbringung ist verschieden. Die Früchte jenes Opfers, des blutigen nämlich, werden durch dieses unblutige überreich erlangt; so wird durch dieses (unblutige Opfer) jenes (blutige) in keiner Weise verkleinert. Es wird deshalb nicht nur für die Sünden der lebenden Gläubigen, für ihre Strafen, Genugtuung und andere Nöte nach der Überlieferung der Apostel, sondern auch für die in Christus Verstorbenen, die noch nicht vollkommen gereinigt sind, mit Recht dargebracht."[55]

9. Und nicht schaute sein Leib die Verwesung (Apg 2,31)

Die leibliche Auferstehung Christi ist die Voraussetzung unserer der Auferweckung in unserem dann nicht mehr sterblichen, sondern unsterblichen „überirdischen Leib" (1Kor 15,44). Christus ist nicht metaphorisch auferstanden in den existentialen Glauben von Menschen, die nach seinen Idealen leben. Die Auferstehung ist ein Ereignis in der Geschichte wie die Inkarnation, das tatsächliche Kommen Gottes in diese Welt und seine Anwesenheit im Leib Christi. „Wenn aber Christus nicht auferweckt worden ist, dann ist euer Glaube nutzlos und ihr seid immer noch in euren Sünden; und auch die in Christus Entschlafenen sind dann verloren." (1Kor 15,17 f.)

Vom auferstandenen Christus bekennt Petrus mit der ganzen Kirche vor der Öffentlichkeit der versammelten Völker aus aller Welt: „In keinem anderen ist das Heil zu finden. Denn es ist uns Menschen kein anderer Name unter dem Himmel gegeben, durch den wir gerettet werden sollen" (Apg 4,12). Wenn wir durch die Taufe auf den Namen des Vaters und des Sohnes und des Heiligen Geistes (vgl. Mt 28,19) von den Sünde und dem Tod erlöst und zu einer „neuen Schöpfung" (Gal 6,15) geworden sind, dann ist damit die erwartete Auferstehung der Toten am Jüngsten Tag keineswegs ausgedünnt wie ein Mythos, den es existentialistisch auszulegen gilt.[56] Die Auferstehung führt die Toten in die christologische Mitte ihrer Existenz vor Gott und offenbart und vollendet unser aller Gottessohnschaft in Jesus Christus. Wir werden aus Gnade in die reale Relation des Vaters zu seinem wesensgleichen, ewigen Sohn eingefügt und sind im Geist des Vaters und des Sohnes dadurch Adoptivsöhne Gottes (vgl. Röm 8,15; Gal 4,4 f.; Phil 2,6). Unsere von der Gnade bedingte Relation zu Gott, den wir im Gebet persönlich ansprechen „Vater unser im Himmel“ (Mt 6,9; Lk 11,2), hat schon begonnen in der Sohnschaft des Gottesvolkes Israel (vgl. 2 Sam 7,14; 1Chr 17,13; Röm 9,4). „Der Gerechte wurde zu den *Söhnen Gottes* gezählt und hat bei den Heiligen sein Erbteil.“ (Weish 5,5; Mt 5,9) „Denn sie können nicht mehr sterben, weil sie den Engeln gleich und als Kinder der Auferstehung zu *Kindern Gottes* geworden sind.“ (Lk 20,36)

Wenn die Christgläubigen durch die Taufe Glieder des Leibes Christi sind und somit in Verbindung stehen zur angenommenen menschlichen Natur des Sohnes Gottes, dann sind sie „im Voraus dazu bestimmt, an Wesen und Gestalt seines Sohnes teilzuhaben, damit dieser der Erstgeborne unter vielen Brüdern sei“ (Röm 8,29). Sie sind vorherbestimmt durch, in und mit dem Gott-Menschen Jesus Christus, der zweiten Person der Trinität, zur ewigen Teilnahme am dreieinigen Leben Gottes, „der allein Unsterblichkeit besitzt“ (1Tim 6,16).[57]

Die *Auferstehung Christi*[58] ist ebenso wie unsere *leibliche Auferstehung*[59] eine Realität, die Gott allein bewirken kann. Wir werden gerettet, wenn wir am Wort, das uns von den Aposteln verkündet wurde, im Glauben festhalten. Das Bekenntnis der Ur-Kirche ist unser Glaube. „Christus ist für unsere Sünden gestorben, gemäß der Schrift, und ist begraben worden. Er ist am dritten Tag auferweckt worden, gemäß der Schrift, und erschien dem Kephas [Petrus], dann dem Zwölf.“ (1Kor 15,3–5)[60]

Unter den Voraussetzungen der neuzeitlichen Subjektphilosophie ist der Glaube des Christen nur Inhalt seines Bewusstseins (der res cogitans) ohne Anhalt an der leiblichen, historischen Realität (res extensa). Nachdem aufgrund des dialektischen Gegensatzes von Gnade und (total verdorbener) Natur in der protestantischen Theologie der Weg der Metaphysik zu Gott und somit die Synthese von Vernunft und Glaube obsolet geworden war, hat man aus den exakten Wissenschaften die Frage nach dem Sinn des Daseins in der Welt als Weg zu Gott ausgeschlossen. Deshalb kann es religiöses Leben – nach dem Religionssoziologen Max Weber (1864–1920) – außerhalb der rational arbeitenden Wissenschaften nur in der Form irrationaler Mystik und religiöser Gefühls-Romantik geben. Die Wissenschaft sei ohne Zweifel „eine spezifisch Gott fremde Macht“[61]. Wenn es auch keine voraussetzungsfreie Wissenschaft gebe, so sei doch wegen der Berufung der Theologie – als „intellektuelle Rationalisierung religiösen Heilsbesitzes“ – auf die von ihr gesetzten Voraussetzungen von „Wundern“ und Offenbarung“ „die Spannung zwischen der Wertsphäre der ‚Wissenschaft‘ und der des religiösen Heils unüberbrückbar.“[62]

Um jenseits der Vernunft den Glauben als reine Option der theoretischen und Postulat der praktischen Vernunft[63] oder als Sprung[64] zu wagen ins Paradox, dass das Ewige durch die Menschwerdung Gottes in der Zeit existiert[65], kann man sich schwerlich auf Tertullians angebliches Diktum „credo, quia absurdum“ berufen. Denn dem Streiter gegen die Naturalisierung und Enthistorisierung des Christentums in den gnostischen Vernunftspekulationen ging es nicht darum, den Glauben auf den Abgrund einer seins- und sinnentleerten Vernunft zu „bauen“, sondern um die Unableitbarkeit des Glaubens aus den Denkmöglichkeiten der beschränkten natürlichen Vernunft und das Messen des Unendlichen am Endlichen. „Wir Christen schämen uns des gekreuzigten Sohnes Gottes nicht, weil [dem Gedanken nach] der Gott am Kreuz beschämend ist; wir glauben an den toten Sohn Gottes, weil es geradezu geschmacklos ist; wir glauben mit voller Gewissheit an dem aus dem

Grab erstandenen (Sohn Gottes), weil es unmöglich ist. – Dei filius sepultus resurrexit: certum est, quia impossibile est."[66]

Der Glaube als Erkenntnis der Unendlichkeit Gottes ist zwar nicht rationalistisch ableitbar aus der endlichen Vernunft, was eine contradictio in adjecto wäre. Denn er ist im Innersten eine antwortende Hingabe an die zuvorkommende göttliche Liebe. Wenn der Glaubende aber mit Gott eins wird in der Liebe, dann erfährt sich die Vernunft gerade nicht ins Dunkel abgedrängt, sondern in ihrem Streben nach der Erkenntnis Gottes erfüllt und beglückt. „Keiner kennt Gott – nur der Geist Gottes. Wir aber haben nicht den Geist der Welt empfangen, sondern den Geist, der aus Gott stammt, damit wir erkennen, was uns von Gott geschenkt worden ist ... Der geisterfüllte Mensch aber urteilt über alles, ihn selbst aber vermag niemand zu beurteilen." (1Kor 2,11 f.15)

Gegen Max Webers Begründung der Theologie als Wissenschaft ihrer rationalen und historischen Methode nach, als wissenschaftlich unbeweisbar ihrem dogmatischen Grund nach wäre zu sagen, dass die Theologie sich ihre Voraussetzungen nicht dezisionistisch-optional selbst setzt, sondern dass sie auf dem Zeugnis der Propheten und der Apostel von Jesus dem Christus aufbaut, der zur „Fülle der Zeit" (Mk 1,15; Gal 4,4; Eph 1,10) das Reich Gottes in seiner Person und Geschichte aufgerichtet hat. Ihnen hat sich der auferstandene Christus, „das Wort des Lebens" (Joh 1,1), in den Oster-Erscheinungen Christi zu sehen, zu hören und anzufassen gegeben und darin selbst offenbart. Die Apostel bezeugen die Identität des irdischen und österlichen Christus mit ihrem Bekenntnis: „Der Herr ist *wirklich* auferstanden und ist dem Simon erschienen" (Lk 24,34). Und darum ist er unter den Gestalten von Brot und Wein auch *wirklich* mit der Substanz seines Fleisches und Blutes inmitten der Gemeinschaft seiner Jünger gegenwärtig und reicht sich ihnen als Speise und Trank zum ewigen Leben. Der auferstandene Herr in der Gestalt des unbekannten Wanderers ging mit den Jüngern von Emmaus in das Haus „um bei ihnen zu bleiben“ (Lk 24,29). „Und es geschah, als er mit ihnen bei Tisch war, nahm er das Brot, sprach den Lobpreis, brach es und gab es ihnen. Da wurden ihre Augen aufgetan und sie erkannten ihn.“ (Lk 24,29) Sie begriffen, dass Er es war, der ihnen den Sinn der Heiligen Schrift erklärte. Der gekreuzigte und von den Toten auferstandene Herr ist derselbe, der im Abendmahlssaal das Brot und den Kelch mit Wein in seine Hände nahm und zu seinen Jüngern sagte: „Das ist mein Leib, der für euch hingegeben wird. Tut dies zu meinem Gedächtnis … Dieser Kelch ist der Neue Bund in meinem Blute, das für euch vergossen wird“ (Lk 24,19 f.). Im Hinblick auf die hier zutage tretende Ur-Gestalt des eucharistischen Gedächtnisses konnte das II. Vaticanum sagen: „Die beiden Teile, aus denen die Messe gewissermaßen besteht, nämlich die Liturgie des Wortes und der eucharistischen Liturgie, sind so eng miteinander verbunden, dass sie einen einzigen Kultakt ausmachen.“[67]

Jesus selbst überwindet die mehr als verständlichen Zweifel einiger Jünger (vgl. Mt 28,17) an dem für die bloße (spekulative und alltagspraktische Vernunft) unglaubliche Botschaft von der Auferstehung des zu Tode Gekreuzigten. Als sie bei der Osterscheinung in Jerusalem meinen, einen „Geist“ (als Gespinst ihrer Phantasie) zu sehen, sagt Jesus: „Was seid ihr so bestürzt? Warum lasst ihr in eurem Herzen Zweifel aufkommen? Seht meine Hände und meine Füße an: *Ich bin es selbst.* Fasst mich doch an und begreift: Kein Geist hat Fleisch noch Knochen, wie ihr es bei mir seht“ (Lk 24,39).

Das Zeugnis und die „Lehre der Apostel“ (Apg 2,42; vgl. 1 Kor 15,1 f. u. ö.) sind präsent in der apostolischen Verkündigung und beglaubigt mit dem Blut ihres Martyriums. Das

Bekenntnis der Ur-Kirche bleibt gegenwärtig in der Verkündigung und der Lehre der Kirche in apostolischer Sukzession. Das Wort der Verkündigung ist aber keineswegs nur ein Bericht über ferne historische Ereignisse oder eine Spiegelung innerer religiöser Stimmungen und Bewusstseinslagen. Es ist vielmehr das sakramentale Medium des Wortes Gottes, das in der Predigt der Kirche persönlich und heilswirksam zu uns spricht. Das verkündete Wort Gottes bewirkt das Heil nur dann, „wenn es sich durch den Glauben mit den Hörern verbindet" (Hebr 4,2). „Zur Offenbarung gehört vom Begriff selbst her ein Jemand, der ihrer inne wird."[68]

Schon den Thessalonichern schreiben Paulus, Silvanus und Timotheus in apostolischer Autorität: „Darum danken wir Gott unablässig dafür, dass ihr das Wort Gottes, das ihr durch unsere Verkündigung empfangen habt, nicht als Menschenwort, sondern – was es in Wahrheit ist – als Gottes Wort angenommen habt; und jetzt ist es in euch, den Glaubenden, wirksam" (1 Thess 2,13).

Die Wahrheit der Offenbarung hängt nicht ab von der Subjektivität des Glaubenden oder wird gar durch sie als ein Phänomen in ihrem Bewusstsein konstituiert. Aber sie wird nur im Glauben persönlich (subjektiv) durch die innere Erleuchtung des Verstandes und Willens durch den Heiligen Geistes wirksam, weil sonst der Glaube nicht persönliche *Beziehung zu Gott*, sondern nur ein dinglich-verfügbares *Wissen über Gott* wäre.

Die Offenbarung, an die wir glauben, ist nicht nur der (objektiv-beschreibbare) Inhalt des Geglaubten, sondern mehr noch die (subjektiv-spontane) Begegnung mit dem personalen Gott im Akt seines Sprechens zu uns. Dieses Zusammenwirken von Gottes Wort und Glauben der Kirche in ihren einzelnen Gliedern hebt den christlichen Offenbarungsbegriff über die Alternative eines objektivistisch-informationstheoretischen und eines subjektivistisch-bewusstseinsabhängigen Ansatzes hinaus. Das hatte schon Joseph Ratzinger in seiner Habilitationsschrift über den hl. Bonaventura gezeigt.[69] Damit war auch den Weg bereitet für das Offenbarungsverständnis des Zweiten Vatikanischen Konzils. In der Dogmatischen Konstitution über die Göttliche Offenbarung „Dei verbum“ (1965) wird der unlösbare Zusammenhang von Gottes Offenbarung und dem menschlichen Glauben so dargelegt: „Gott hat in seiner Güte und Weisheit beschlossen, *sich selbst* zu offenbaren und das Geheimnis seines Willens kundzutun: dass die Menschen durch Christus, das fleischgewordene Wort, im Heiligen Geist Zugang zum Vater haben und teilhaftig werden der göttlichen Natur. In dieser Offenbarung redet der unsichtbare Gott aus überströmender Liebe die Menschen an wie Freunde und verkehrt mit ihnen, um sie in seine Gemeinschaft einzuladen und aufzunehmen.“[70] Auf die Selbstoffenbarung Gottes in seinem Wort ant-wortet der Mensch mit dem Gehorsam des Glaubens:

„Dem offenbarenden Gott ist der ‚Gehorsam des Glaubens‘ zu leisten. Darin überantwortet sich der Mensch Gott als ganzer in Freiheit, indem er sich ‚dem offenbarenden Gott mit Verstand und Willen voll unterwirft‘ und seiner Offenbarung willig zustimmt. Dieser Glaube kann nicht vollzogen werden ohne die zuvorkommende und helfende Gnade Gottes und ohne den inneren Beistand des Heiligen Geistes, der das Herz bewegen und Gott zuwenden, die Augen des Verstandes öffnen und ‚es jedem leicht machen muss, der Wahrheit zuzustimmen und zu glauben‘ Dieser Geist vervollkommnet den Glauben ständig durch seine Gaben, um das Verständnis der Offenbarung mehr und mehr zu vertiefen.“[71]

Da Gott der Schöpfer unseres freien Willens ist, muss er nicht wie die Ideologen aller Zeiten sein Reich und Recht mit Denk- und Gewissenszwang gewalttätig durchsetzten. Gottes Größe lässt im Respekt vor unserer Freiheit sogar Raum für die Verneinung des Glaubens. Das mögliche Nein zu Ihm macht erst die Freiheit des Glaubens möglich als personalen Akt der Hingabe, des Vertrauens, des Erkennens und der Lebenshaltung, wodurch der Mensch als Cooperator Dei das Heil auch als Lohn verdient. „Seht ich komme bald und mit mir bringe ich den Lohn und ich werde jedem geben, was seinem Werk entspricht." (Offb 22,12) „Der Glaube ist nichts anderes als zustimmendes Denken – credere nihil aliud est, quam cum assensione cogitare."[72]

Außerhalb der freien Zustimmung wäre der Glauben nicht Glauben, sondern nur wider-willige Unterwerfung unter einen Denkzwang, der das persönliche, kindlich-vertrauende und freundschaftliche Verhältnis zu dem Gott der Wahrheit, des Lebens und der Liebe zerstören müsste. Die Vernunft erkennt die Wesenheiten und Wirkweisen der materiellen Dinge, während sie geistige Wirklichkeiten nur aus deren Wirkung analog erfassen kann. Zur Erkenntnis der über-natürlichen Selbstoffenbarung Gottes in seinem Wort und Wirken bedarf unser Verstand einer stärkeren Lichtquelle – das eingegossene Licht des Heiligen Geistes.[73]

Aber die Vernunft kann auch urteilen über das Wahre, das sie anerkennt und das Falsche, das sie ablehnt. Im ersteren Sinn hat der Glaube keine Evidenz, weil er Gott und seine geoffenbarten Mysterien nicht wie die Gegebenheiten der Welt erfassen kann. Im Sinn des urteilenden Verstandes und des eine Entscheidung treffenden Willens kommt der Christ aber zur Gewissheit des Glaubens, weil er sich auf die absolut verlässliche Autorität des Gottes der dreifaltigen Liebe stützen kann.[74]

Der Glaube im kirchlichen Sinn ist die Anerkennung einer von Gott gewirkten Realität, die über die Verifikation der natürlichen Verstandesvermögen und ihrer kategorialen

Kriterien hinausgeht, die uns aber gewiss werden aufgrund der Autorität des sich uns offenbarenden Gottes im Heiligen Geist.

Jesus ist *wahrhaft und wirklich* auferstanden und wird auch unseren sterblichen Leib lebendig machen und uns die Gabe Gottes geben: das ewige Leben. „Wenn das Sterbliche sich mit Unsterblichkeit bekleidet, dann erfüllt sich das Wort der Schrift: Verschlungen ist der Tod vom Sieg. Tod wo ist dein Sieg? Tod wo ist dein Stachel. Der Stachel des Todes ist die Sünde, die Kraft der Sünde das Gesetz. Gott aber sei Dank, der uns den Sieg geschenkt hat durch unseren Herrn Jesus Christus." (1Kor 15,54–56)

Indem wir im Glauben an den Vater und den Sohn und den Heiligen Geistes „Kinder Gottes heißen und sind" (1Joh 3,1), „werden wir mit ihm begraben durch die Taufe auf den Tod, damit auch wir, so wie Christus durch die Herrlichkeit des Vaters auferweckt wurde, in der Wirklichkeit des neuen Lebens wandeln. Wenn wir nämlich mit der Gestalt seines Todes verbunden wurden, dann werden wir es auch mit der seiner Auferstehung sein" (Röm 6,4 f.).

Während der großen Rede in der Synagoge von Kafarnaum über das „Brot, das vom Himmel herabgekommen ist" offenbart Jesus seine Einheit mit dem Vater als Quelle allen Lebens. Seinen Jüngern eröffnet er die Einsicht in die ursprüngliche Einheit und innere Konsequenz der Heilsmysterien von der Trinität und der Inkarnation über die Kirche und Eucharistie bis hin zum Geheimnis der Auferstehung der Toten und ihres ewigen Lebens in Gott. Diese (pluralen) menschlichen „Worte des ewigen Lebens" (Joh 6,68), die Jesus, das (singulare) göttliche „Wort, Leben und Licht" (Joh 1,4), zu seinen Jüngern spricht, können in ihrer Tiefe und Fülle nur meditiert werden. Sie bedürfen keiner theologischen Auslegung, weil ihn ihnen das göttliche Wort, Jesus Christus, „der Einzige, der Gott ist und am

Herzen des Vaters ruht“ (Joh 1,18), unmittelbar sich selbst auslegt (ex-egesato):

„Das aber ist der Wille dessen, der mich gesandt hat, dass ich keinen von denen, die er mir gegeben hat, zugrunde gehen lasse, sondern dass ich sie auferwecke am Jüngsten Tag. Denn das ist der Wille meines Vaters, dass jeder, der den Sohn sieht und an ihn glaubt, das ewige Leben hat und dass ich ihn auferwecke am Jüngsten Tag ... Niemand kann zu mir kommen, wenn nicht der Vater, der mich gesandt hat, ihn zieht; und ich werde ihn auferwecken am Jüngsten Tag. Bei den Propheten steht geschrieben: Und *alle* werden *Schüler* Gottes sein. Jeder, der auf den Vater hört und seine Lehre annimmt, wird zu mir kommen. Niemand hat den Vater gesehen außer dem, der von Gott ist; nur er hat den Vater gesehen. Amen, amen, ich sage euch: Wer glaubt, hat das ewige Leben.

ICH BIN das Brot des Lebens ... Das Brot, das ich geben werde, ist *mein Fleisch für das Leben der Welt* ... Wer mein Fleisch isst und mein Blut trinkt, hat das ewige Leben und ICH WERDE ihn auferwecken am Jüngsten Tag. Denn mein Fleisch ist wahrhaft eine Speise und mein Blut ist wahrhaft ein Trank. Wer mein Fleisch isst und mein Blut trinkt, der bleibt in mir und ich bleibe in ihm. Wie mich der lebendige Vater gesandt hat und wie ich durch den Vater lebe, so wird jeder, der mich isst, durch mich leben ... Wer aber dieses Brot isst, wird leben in Ewigkeit.“ (Joh 6,39–58)

10. Der Leib aber ist die Kirche (Kol 1,18)

Die Kirche Jesu Christi hat sich nicht aus menschlichen Initiativen heraus selbst gegründet und organisiert. Sie ist vielmehr von Gott gestiftet und von ihm organisch verfasst. Die Kirche ist als Leib Christi organisch mit ihm verbunden wie der Leib mit seinem Kopf, von dem er gelenkt und belebt wird. Die Kirche steht im Verhältnis zu Christus wie eine Braut zu ihrem Bräutigam, „wie auch Christus die Kirche geliebt und sich für sie hingegeben hat, um sie zu heiligen, da er sie gereinigt hat durch das Wasserbad im Wort" (Eph 5,25 f.). Der einzige Existenzgrund der von der Einheit des dreifaltigen Gottes her geeinten Kirche[75] in der Welt besteht darin, den universalen Heilsplan Gottes zu erfüllen und das ewige Mysterium seiner Liebe den Menschen Kund zu machen (vgl. Röm 16,25; Eph 3,8). Allen soll „durch die Kirche die vielfältige Weisheit Gottes kundgetan werden, nach seinem ewigen Plan, den er durch Christus Jesus, unseren Herrn ausgeführt hat" (Eph 3,10 f.).

Die Kirche ist also keine internationale weltliche Wohlfahrtsorganisation oder das Programm für einen globalen Great Reset der Selbsterlösung, sondern in Christus das katholische oder universale Sakrament des Heils der Welt:

„Die Kirche ist ja in Christus gleichsam das Sakrament, das heißt Zeichen und Werkzeug für die innigste Vereinigung mit Gott wie für die Einheit der ganzen Menschheit."[76]

Im Laufe der Heilsgeschichte traten immer deutlicher Wesen und Gestalt der Kirche des Dreifaltigen hervor. Wir erfassen sie als Haus und Volk des Vaters, als Leib Christi und Tempel des Heiligen Geistes. Aufgrund der Vollendung der geschichtlichen und eschatologischen Offenbarung Gottes in der Inkarnation und den Heilsereignissen von Passion, Sühnetod und Auferstehung des Sohnes Gottes, des Verbum incarnatum, und der pfingstlichen Ausgießung des Heiligen Geistes vom Vater und vom Sohn, hat die Kirche selbst eine inkarnatorische und sakramentale Gestalt. Sie wird belebt und bewegt vom Wirken des Heiligen Geistes. Christus, der auferstandene Herr und ihr unsichtbares Haupt, führt seine Sendung zum Heil der Menschen fort bis ans Ende der Zeiten vermittels der Kirche.

Die Kirche, die Christus, der Sohn des lebendigen Gottes auf den Felsen Petri gebaut hat, ist die sichtbare und reale Präsenz Gottes in dieser Welt. Sie ist der Christus praesens in der korporativen Gestalt der Glaubensgemeinschaft. Gott konstituiert sie als sichtbar verfasste Gemeinschaft des Heils und der Heiligen (der Getauften). Er ruft durch ihre Verkündigung und ihr Zeugnis die Menschen hinein in seine Heilsgemeinde und fügt die vielen Einzelnen als Glieder ein in seinen geheimnisvollen Leib – corpus Christi mysticum. „Wir wollen von der Liebe geleitet die Wahrheit suchen und in allem auf ihn hin wachsen. Er, Christus, ist das Haupt. Von ihm wird der ganze Leib zusammengefügt und gefestigt durch jedes Gelenk. Jedes versorgt ihn mit der Kraft, die ihm zugemessen ist. So wächst der Leib und baut sich selbst in Liebe auf." (Eph 4,16 f.)

Und der erhöhte Herr spricht zu uns durch die apostolische Lehre. Er selbst spricht als Lehrer, handelt als Hirte und Priester in der Person der Bischöfe, die in der apostolischen Sukzession in apostolischer Vollmacht zum Heil der Gläubigen wirken. Deshalb vermittelt und ereignet sich in und durch die Kirche des dreifaltigen Gottes die Präsenz Jesus Christi zum Heil der Welt. Durch die Apostel und die Kirche setzt Jesus seine Sendung fort, die bis zu seiner Wiederkunft am Ende der Zeiten dauern wird. Als der auferstandene Herr sich den Jüngern offenbarte, sagt er die

Worte, die die Mission der Kirche zum ewigen Heil der Menschen für alle Zeiten legitimieren: „Friede sei mit euch! Wie mich der Vater gesandt hat, so sende ich euch ... Empfangt den Heiligen Geist ...“ (Joh 20,21).

Die Kirche des dreifaltigen Gottes stellt also nicht lediglich eine regional und temporal begrenzte Form von Religion dar. Und sie ist nicht nur der kulturell oder ethnisch begrenzte Ausdruck der religiösen Anlage des Menschen auf die Gottesverehrung hin, insofern wir darunter die natürliche geistige, sittliche und affektive Hinordnung des Menschen auf die Transzendenz verstehen bzw. auf den göttlichen Horizont jenseits der kontingenten und erlösungsbedürftigen Welt. Das wäre nur die religio als moralische Tugend, wie sie zur geistig-sittlichen Natur des Menschen gehört,[77] aber nicht die übernatürliche Gottesverehrung durch die vom Heiligen Geist eingegossenen Tugenden des Glaubens, der Hoffnung und der Liebe.[78]

Jesus Christus, wahrer Gott und wahrer Mensch, ist der Mittler der Schöpfung, der tiefen Versöhnung und der erhofften Vollendung des Menschen in Gott. Als Haupt der ganzen Schöpfung ist er auch Haupt der Kirche. Er erfüllt die Kirche, die sein Leib ist, mit seinem Leben (vgl. Eph 1,23). Und darum soll die ganze Schöpfung „durch die Kirche Kenntnis erhalten von der vielfältigen Weisheit Gottes, nach seinem ewigen Plan, den er durch Christus Jesus, unseren Herrn, ausgeführt hat“ (Eph 3,10). Jesus Christus ist der einzige und universale Mittler zwischen Gott und den Menschen (vgl. 1Tim 2,4 f.). Denn Gott, sein Vater, will, dass durch ihn alle Menschen gerettet werden und zur Erkenntnis der Wahrheit gelangen. Dem entspricht die universal-katholische Sendung „der Kirche des lebendigen Gottes, welche die Säule und das Fundament der Wahrheit ist“ (1Tim 3,15).

Aber die Kirche kann noch konkreter in ihrer Sendung dargestellt werden, wenn wir auf die Adressaten schauen, auf die von Gott geliebten Menschen, denen die Botschaft des Evangeliums von ihrer Rettung zugestellt wird. Es sind die Menschen in ihrer Epoche, in ihrer Kultur, ihrer Gesellschaftsordnung, ihren Mentalitäten, Lebensgefühlen und Lebensstilen. Das Zweite Vatikanische Konzil hat uns nicht nur mit „Lumen gentium" eine authentische Sicht auf die Kirche geschenkt. Mit der Pastoralkonstitution „Gaudium et spes" ist auch die „Sendung der Kirche in die Welt von heute" ausführlich gewürdigt worden. Die Kirche kommt von Gott her und wird in ihrem Leben durch das Evangelium und die Sakramente zum Werkzeug der Vergebung der Sünden, zur Heiligung und Vergöttlichung der Menschen, zur Erfahrung ihrer Würde als Kinder Gottes und ihrer Berufung zum ewigen Leben. Aber die Kirche besteht auch aus den Menschen, die in Christus geeint und vom Heiligen Geist geleitet werden, die aber doch auch Kinder ihrer Zeit sind. Mit den Andersgläubigen und Ungläubigen haben die Christen teil an den Chancen, Hoffnungen, den Leiden und den Dekadenzen ihrer Epoche.[79] Jede Epoche kennt ihre Herausforderungen und Abgründe. Der Kirche obliegt die Pflicht, nach den Zeichen der Zeit zu forschen und sie im Licht des Evangeliums zu deuten."[80] Sie muss prophetisch ihre Stimme erheben, indem sie das Wahre wahr, das Gute gut und das Böse auch böse nennt. Die konkrete sichtbare Kirche ist das Subjekt des Glaubens.

Anstatt bei der Transzendentalphilosophie oder einer transzendental gewendeten Metaphysik anzusetzen oder – wie bei Ernst Troeltsch – das Christentum kulturtheoretisch aus einem allgemeinen „religiösen Apriori" abzuleiten, bzw. bei der religiösen Musikalität, über die bekanntlich nicht alle Menschen verfügen, anzusetzen oder die Zuflucht in ihrem Kontingenzgefühl zu suchen, sollte die moderne evangelische Theologie – und dies gilt mutatis mutandis auch für die katholische Theologie – eine „kirchliche Erkenntnistheorie und Prinzipienlehre" entwickeln. Nicht die „Religion als frommes Gefühl" oder als „natürliche Anlage zur Gottesverehrung", sondern die von Christus gestiftete Kirche, die mit ihm als ihrem Haupt einen Leib bildet, ist der Ort des Glaubens und der Heilsvermittlung. Darin unterscheidet sich auch der Ansatz der Theologie als Glaubenswissenschaft von der Religionsphilosophie oder der vergleichenden Religionswissenschaft. Die Gemeinschaft derer, die an Christus als das Fleisch gewordene WORT Gottes und den einzigen Mittler des Heils und der Wahrheit glauben, ist Trägerin der Gotteserkenntnis und Hörerin des Wortes. Die Kirche ist nicht eine Gemeinde von Menschen gleicher subjektiver Gesinnung, die einen abendländischen oder atlantischen Wertekanon teilen, sondern der Leib Christi. Kirche ist der „Christus praesens" – „Christus als Gemeinde existierend"[81].

Der evangelische, aber ökumenisch aufgeschlossene Theologe Dietrich Bonheoffer (1906–1945), der im Widerstand gegen das gottlose Nazi-Regime zu Märtyrer Christi wurde, weist darauf hin, dass Luther nicht überhaupt das Priestertum und seinen Dienst an der Heilsvermittlung aufhob, sondern nur seine exklusive Bindung an das geweihte Amt, das er als Rückfall in paganes Opferpriestertum und in der exklusiven Vollmacht für das Messopfer als Exponent der Werkgerechtigkeit identifizierte. Denn dieses erschien ihm als eine Mittel-Instanz, die die Unmittelbarkeit zu Gott in Glauben und Liebe einschränkt, indem der Christ in seiner Gottesbegegnung an ein von Menschen ersonnenes System von dinglich vermittelter Gnade gebunden war. Doch nach Luthers Verständnis des allgemeinen Priestertums ist jeder Christ Bote, Zeuge und somit Mittler des Wortes und in jedem Hilfsbedürftigen und Leidenden begegnet mir Christus als der eigentliche Mittler. Die Kirche ist nicht ohne Priester und ohne Kult, wenn gerade alle Priester sind und Gott unmittelbar verehren im Glauben, im Gebet und im Dienst am Nächsten.

In der Kirche spricht man nicht von Gott wie von einem gemeinsamen Objekt und Projekt, sondern Gott spricht in ihr zu uns. Durch ihre Predigt und das Zeugnis der Kirche spricht er zu allen Menschen, die er in die Lebensgemeinschaft mit dem Vater, dem Sohn und dem Heiligen Geist berufen will. „Kirche ist der Ort, an dem Gott redet, an dem er für uns da ist. Wer an der Kirche vorübergeht, geht an Gott vorüber“[82], sagt Bonhoeffer. Und weil Christus nicht der ideale Mensch an sich ist, sondern als der Gekreuzigte der reale Mensch für andere ist, kann auch die Kirche nur Kirche Christi sein, wenn sie für andere da ist. Denn „unser Verhältnis zu Gott ist kein ‚religiöses' zu einem denkbar höchsten, mächtigsten, besten Wesen – das ist keine echte Transzendenz –, sondern unser Verhältnis zu Gott ist ein neues Leben im ‚Dasein-für-andere', in der Teilnahme am Sein Jesu.[83]

Somit ergibt sich, dass das in der Rechtfertigung des Sünders begründete Verhältnis des Menschen zu Gott ein Kirche stiftendes und Kirche voraussetzendes Ereignis ist.

Die Gefahr ist zu überwinden, dass wir die Rechtfertigung individualistisch engführen als inneres Gnadenverhältnis zu Gott und die Kirche sekundär nur aus der natürlichen Gemeinschaftsbindung des Menschen ableiten oder als Zugeständnis an das geistig autonome Subjekt gewähren, das wegen seiner leiblich-sozialen Verfassung der sinnlichen Veranschaulichung des Heils und der Führung durch äußere Autoritäten bedarf, ohne für unser Gottesverhältnis eine Relevanz zu haben. Aber – wie Bonhoeffer klarstellt – kommen wir nicht zur Kirche, weil wir sie brauchen aus einem romantischen Gemeinschaftsgefühl heraus oder weil persönlichkeitsschwache Zeitgenossen an Führungsfiguren Halt suchen, sondern weil die Kirche eine uns von Gott gegebene Wirklichkeit seiner Gnade ist. Die Kirche darf sich nicht am „religiösen Bedarf „orientieren. Sie käme über eine utilitaristische und funktionalistische Selbstrechtfertigung nicht hinaus. Was könnte man jemandem antworten, der meint, dass er auch ohne Religion und Kirche ganz gut über die Runden kommt? Wenn wir bekennen *credo ecclesiam,* verstehen wir die Kirche als Gabe Gottes, ein donum Dei, und nicht als ein Angebot, das sich wie bei der Kundenberatung nach unseren Nachfragen richten muss.

Im Blick auf die katholische Auffassung von Kirche und Rechtfertigung möchte ich nun die These aufstellen:

Die ursprüngliche Erfahrung und theologische Konzeption der Rechtfertigung des Sünders, wie sie Luther im Rahmen spätmittelalterlicher Schultraditionen und monastischer Spiritualität erfuhr, musste nicht zwangsläufig aus der katholischen Kirche hinausführen und stellt für sich genommen keinen unüberbrückbaren dogmatischen Gegensatz dar zum definierten katholischen Glauben, so wie er vor und nach der Bildung eines lutherischen Kirchentums dogmatisch für jeden Katholiken verbindlich war und ist. Es steht auch fest, dass Luther niemals eine neue oder andere Kirche gründen wollte, sondern die bestehende von Christus gestiftete Kirche in ihrer ursprünglichen Form wiederherstellen und – aus seiner Sicht – von falschen Lehren und Praktiken befreien wollte.

Der bislang unüberbrückbare Gegensatz zeigt sich nicht eigentlich in der Rechtfertigung aus Gnade allein. Denn es ist einfach aus den Quellen des christlichen Glaubens in der gemeinsamen Heiligen Schrift urevident, dass keinem Menschen die Erlösung subjektiv in der Rechtfertigung zuteilwerden kann durch eigenes Tun, wodurch dann der Sünder gleichsam zu seinem eigenen Erlöser würde.

Worin aber der bis heute ungelöste Gegensatz besteht, ist nicht die Existenz und das Wesen der Kirche, aber die Bedeutung ihrer sichtbaren, institutionellen Gestalt und die Notwendigkeit ihrer sakramentalen Heilsvermittlung. Daran schließen sich die Fragen nach den Sakramenten, dem Weihe-Priestertum und der Lehrautorität von Papst und Konzil der Bischöfe nur konsequent an.

Für Luther ist – zusammengefasst gesagt – die Kirche *creatura verbi:* „Denn die Kirche entspringet aus dem Wort der Verheißung durch den Glauben und wird eben mit demselben Wort der Verheißung ernähret und erhalten, d.i. sie wird durch die Verheißung Gottes und nicht die Verheißung durch sie gestiftet. Denn das Wort Gottes ist unvergleichlicher Weise über der Kirche, über welches Wort Gottes die Kirche als Kreatur nicht Macht hat, etwas zu stiften, zu ordnen oder zu tun, sondern sie soll gestiftet, geordnet und gemacht werden.“[84]

Damit ist gemeint, dass sich die innere Kirche als Gemeinschaft der Heiligen, der Gerechtfertigten, die Gott alleine kennt, durch das Wort der Verheißung im Glauben bildet, die aber nur dort ist und sich manifestiert, wo das Wort und die Sakramente stiftungsgemäß gepredigt und verwaltet werden.[85] Etwas anderes ist es, wenn die äußere Kirchenordnung von der weltlichen Obrigkeit oder von den Mitgliedern einer Organisation geordnet wird. Diese institutionelle Zugehörigkeit zu einer Körperschaft hat keine heilsrelevante Bedeutung für die Rechtfertigung und damit für die Zugehörigkeit zur Kirche im eigentlichen und wahren Sinn, nämlich der Kirche als communio sanctorum, d.h. der wahrhaft im Glauben Gerechtfertigten, die Gott alleine kennt. Aber die Sichtbarkeit ist doch wesentlich mehr als der äußere organisatorische Rahmen, wenn die Predigt des Evangeliums und die Darreichung der Sakramente in einer wechselseitigen Konstitution stehen mit der „heiligen christlichen Kirche, die allezeit sein und bleiben muss", nämlich „die Gemeinschaft und Versammlung der Heiligen und wahrhaft Gläubigen, bei welchen das Evangelium rein gepredigt und die heiligen Sakrament lauts des Evangelii gereicht werden."[86]

Die katholische Sicht auf die Kirche geht umgekehrt davon aus, dass wir nur durch die sichtbare Kirche und in ihr mit ihrer verbindlichen Lehre, ihren sakramentalen Heilsmitteln und der Anerkennung ihrer von Christus im Heiligen Geist gestifteten apostolischen Verfassung und Ordnung zur Heilsgemeinschaft gelangen können.

Johann Adam Möhler (1796–1838), der tiefgründigste Denker der Katholischen Tübinger Schule, bringt in seiner „Symbolik" die Differenz auf den Begriff: „Die Katholiken lehren: die sichtbare Kirche ist zuerst, dann kommt die unsichtbare: jene bildet erst diese. Die Lutheraner sagen dagegen umgekehrt: aus der unsichtbaren geht die sichtbare hervor, und jene ist der Grund von dieser. In diesem scheinbar höchst unbedeutenden Gegensatze ist eine ungeheure Differenz ausgesprochen."[87]

Luthers Kirchenverständnis ist aber nach Möhler aus katholischer Sicht nicht rundweg falsch, aber einseitig. Es muss also nicht in toto abgelehnt werden und kann auch als Korrektur für eine einseitig auf die sichtbare Gestalt der Kirche festgelegte katholische Ekklesiologie bewertet sein.

Um die Heilsgewissheit nicht von geschaffenen Dingen und Menschen in der Kirche abhängig zu machen, lehnte Luther die Heilswirksamkeit der Sakramente *ex opere operato,* die heilsrelevante Verbindlichkeit und Unfehlbarkeit ihrer Konzilsentscheidungen und die geistliche Vollmacht des in der Ordination konsekrierten Priesters *(character indelebilis)* zur Darbringung des Messopfers ab. Denn er sieht in all dem die Gefahr, dass der Mensch – statt durch den Glauben – sich selbst durch menschliche Werke und Einrichtungen in das rechte Verhältnis zu Gott setzt. Das Geschaffene kann für ihn aber nie der Grund der Rechtfertigung des Sünders sein, sondern nur der der leiblichen Natur des Menschen gemäße Ort und Erscheinungsraum. Das Sichtbare dient nur der Vergewisserung dessen, was auf der Ebene der Unmittelbarkeit zwischen Gott und Mensch in der Korrelation von Verheißung Gottes und gnadengewirktem Glauben geschieht.

In katholischer Sicht ist damit aber das in der Inkarnation begründete Grundgesetz der Heilsvermittlung nicht genügend bewertet, dass wir aufgrund unserer leiblichen, gesellschaftlichen und geschichtlichen Verfassung nur *per visibilia ad invisibilia* gelangen können.

Gewiss ist mit Luther zu sagen, dass die Gnadenmittel der Kirche und die Kirche als Medium des Heils nicht die Ursache des Heils an sich sind und sein können. Aber es sagte auch 300 Jahre vor ihm schon Thomas von Aquin, dass die Sakramente nicht das Heil principaliter et effective verursachen, sondern dass sie die ein für allemal geschehene Erlösung nur instrumentaliter wirksam dem Empfänger übermitteln. „Denn Christus ist allein der Mittler zwischen Gott und den Menschen Und er allein hat durch seinen Tod das Menschengeschlecht mit Gott versöhnt."[88] Und in Bezug auf die sakramental geweihten Bischöfe und Presbyter sagt er: „Die Priester des Neuen Bundes können Mittler zwischen Gott und den Menschen nur genannt werden, insofern sie Diener des wahren Mittlers sind, indem sie an Seiner Statt (vice ipsius) den Menschen die heilbringenden Sakramente ausspenden."[89] Und das Messopfer ist kein anders als das Kreuzesopfer, sondern als Memoriale Dominicae passionis die sakramentale Repräsentation des Leidens und Sterbens Jesu am Kreuz für die Menschheit.[90] Selbst bei der Frage, ob der Papst sich gar an die Stelle Christi gesetzt habe und damit die Züge des Antichristen annahm, an der sich die reformatorisch-katholische Kontroverse am meisten zuspitzte, ist der Gegensatz nicht so eindeutig, wie er scheint. Auf die Frage, ob Christus allein der Fels und das Fundament der Kirche sei, und warum trotzdem auch Simon Barjona Fels und Petrus genannt werde, antwortet Thomas von Aquin in seinem Kommentar zum Matthäus-Evangelium so: „Christus ist es in sich selbst: Fels und Fundament der Kirche. Die Apostel sind es nicht an sich, sondern durch Zumessung Christi und die Autorität, die ihnen von Christus gegeben wurde. Und dies gilt speziell für das Haus des Petrus, das auf Felsen gegründet wurde, damit es nicht einstürzt wie bei dem klugen Mann, der sein Haus auf Fels, satt auf Sand baute. Die Kirche kann bekämpft, aber nicht nieder-gekämpft werden."[91]

Einer Entwertung der Sakramente in einem idealisierten und spiritualisierten Christentum ist entgegenzuhalten, dass die Sakramente nicht nur von pädagogischem Gebrauch sind für die im Glauben noch Unmündigen. Vielmehr entsprechen sie unserer menschlichen Natur in ihrer substantialen Leib-Seele-Einheit. Sie sind auch positiv begründet in der Inkarnation und im gesamten Heilsplan Gottes. Christus hat den Aposteln, ihren Nachfolgern und der ganzen Kirche die Sakramente zur Ausspendung anvertraut und er gibt ihnen im Heiligen Geist die übernatürliche Wirkung, die sie von beliebigen religiösen Symbolen wesentlich unterscheidet. Die Sakramente sind nicht nur Zeichen, sondern *wirksame Zeichen*, wirksam durch das Handeln Christi und fruchtbar im Glauben und der Liebe. Auch Luther kennt die objektive Wirksamkeit der Taufe, was zumindest beim Festhalten an der Kindertaufe klar wird. Und Philipp Melanchthon begründet dies mit der antidonatistischen Entscheidung, dass die Sakramente gültig sind (sacramenta efficacia), die vom Unwürdigen gespendet werden.[92]

In seinem Aufsatz „Die ewige Bedeutung der Menschheit Jesu für unser Gottesverhältnis" hat Karl Rahner aufgezeigt, dass die dialektische Entgegensetzung von Unmittelbarkeit des Menschen zu Gott und der kirchlichen und sakramentalen Vermittlung in der hypostatischen Union aufgehoben ist, indem zugleich die Einheit wie auch die Verschiedenheit von göttlicher und menschlicher Natur und damit von Unmittelbarkeit und Vermittlung in der Person des *verbum incarnatum* begründet ist: „Jesus, der Mensch, *war* nicht nur einmal von entscheidender Bedeutung für unser Heil, d.h. für das wirkliche Finden des absoluten Gottes, durch seine historischen und jetzt vergangenen Taten des Kreuzes usw., sondern er *ist* jetzt und in Ewigkeit als der Menschgewordene und Geschöpf Gebliebene die *dauernde Offenheit* unserer Endlichkeit auf den lebendigen Gott unendlichen, ewigen Lebens, und er ist darum auch in seiner Menschheit die geschaffene, im Akt unserer Religion stehende Wirklichkeit für uns, derart, dass ohne diesen Akt auf seine Menschheit hin und durch sie hindurch (implizit oder explizit) der religiöse Grundakt auf Gott gar nicht sein Ziel erreicht. Man sieht in Ewigkeit den Vater nur durch ihn hindurch. Gerade so *un*mittelbar, denn die Unmittelbarkeit der Gottesschau ist keine Leugnung des ewigen Mittlertums Christi als des Menschen."[93] Oder unüberbietbar mit Jesu eigenen Worten gesagt: „Wer mich sieht, sieht den Vater" (Joh 14,9; vgl. 12,45).

Kirche als *creatura verbi* und Kirche als *sacramentum salutis mundi* sind zwei Ansatzpunkte, die sich bisher als ziemlich inkompatibel erwiesen haben, aber es vielleicht gar nicht absolut sein müssen. Wenn man aber die sichtbare und unsichtbare Kirche, göttliches Heil und die den Menschen anvertraute Vermittlung nicht dialektisch entgegengesetzt, sondern im Licht des Inkarnationsmysteriums analog aufeinander bezieht – in Verbindung und Unterscheidung –, dann kann man mit dem II. Vaticanum das Anliegen Luthers aufgreifen und dennoch den katholischen Glauben frei von kontroverstheologischer Zuspitzung so ausdrücken:

„Der einzige Mittler Christus hat seine heilige Kirche, die Gemeinschaft des Glaubens, der Hoffnung und der Liebe hier auf Erden als sichtbares Gefüge verfasst und trägt sie unablässig; so gießt er durch sie Wahrheit und Gnade auf alle aus. Die mit hierarchischen Organen ausgestattete Gesellschaft und der geheimnisvolle Leib Christi, die sichtbare Versammlung und die geistliche Gemeinschaft, die irdische Kirche und die mit himmlischen Gaben beschenkte Kirche sind nicht als zwei verschiedene Größen zu betrachten, sondern bilden eine einzige komplexe Wirklichkeit, die aus menschlichem und göttlichem Element zusammenwächst. Deshalb ist sie in einer nicht unbedeutenden Analogie dem Mysterium des fleischgewordenen Wortes ähnlich. Wie nämlich die angenommene Natur dem göttlichen Wort als lebendiges, ihm unlöslich geeintes Heilsorgan dient, so dient auf eine ganz ähnliche Weise das gesellschaftliche Gefüge der Kirche dem Geist Christi, der es belebt, zum Wachstum seines Leibes (vgl. Eph 4,16)."[94]

Das II. Vaticanum spricht ausdrücklich den ohne eigene Schuld nicht voll zur katholischen Kirche gehörenden Christen die gnadenhafte Einheit mit Christus in Glaube, Hoffnung und Liebe nicht ab und erkennt gerade auch den anderen kirchlichen Gemeinschaften, trotz der Differenzen im Verständnis und Umfang der Heilsmittel, den Rang eines Mediums des Heils zu.[95] Darum besteht auch auf der Ebene der Sichtbarkeit, besonders auch im Taufsakrament, noch eine Einheit der Kirche und eine sichtbare Gemeinschaft der Christen untereinander als Glieder des einen Leibes Christi, wenn auch die Communio nicht vollständig ist und auf ihre volle sichtbare Einheit in der sakramentalen Kirche hinzielt.

Katholische Ökumene hat weder die Herstellung des Status quo ante 1517 im Blick, noch kann sie das Paradigma eines geistesgeschichtlich notwendigen Pluralisierungsprozesses akzeptieren, der den Status quo 2017 der institutionell und bekenntnismäßig verschiedenen Kirchentümer sich zu eigen macht. Denn dies wäre ein diametraler Widerspruch zum Willen Christi, in dem die Einheit, Heiligkeit, Katholizität und Apostolizität der Kirche, deren Haupt er ist, dauernd gründet. Das Ziel ist nicht nur die versöhnte Verschiedenheit, sondern die Versöhnung der Gegensätze in einer tieferen Communio in Christus: *Unus et totus Christus, caput et membra.* Nachdem es die vielfältigen Bande der Einheit zu den nichtkatholischen Kirchen dankbar in Erinnerung gerufen hat, fährt das Konzil fort: „So erweckt der Geist in allen Jüngern Christi Sehnsucht und Tat, dass alle in der von Christus angeordneten Weise in der einen Herde unter dem einen Hirten in Frieden geeint werden mögen. Um dies zu erlangen, betet, hofft und wirkt die Mutter Kirche unaufhörlich, ermahnt sie ihre Söhne zur Läuterung und Erneuerung, damit das Zeichen Christi auf dem Antlitz der Kirche klarer erstrahle.“[96]

Trennte durch viele Jahrhunderte die konfessionelle Polemik mit ihren verfestigten Ressentiments und oft auch Fehlinterpretationen der Lehren, so müssen wir heute auf der Hut sein, dass wir nicht Opfer werden eines Relativismus und Indifferentismus in der Frage nach der Wahrheit der Glaubenslehren und des rechten Verständnisses der Kirche und der Sakramente. Wir dürfen es uns nicht zu leicht machen und die gewichtigen Unterschiede in der Glaubenslehre, der Ethik und der sakramentalen Verfassung der Kirche auf plakative Formeln reduzieren oder für unwichtig erklären. Christlicher Glaube ist Ganzhingabe des Menschen an Gott. Das Christentum darf nicht auf seine Nützlichkeit für eine politisch gewünschte Zivilreligion reduziert werden. Wenn Jesu alle Menschen einlädt zum Hochzeitsmahl im Reich Gottes, sollen wir nicht die zusammengelesenen kulturellen und moralischen Restbestände aus den getrennten Konfessionen anbieten, sondern den Tisch der Wahrheit decken und Christus als das Brot darreichen, „das Gott gibt, das vom Himmel kommt und der Welt das Leben gibt“ (Joh 6,33).

Das Gemeinsame, das uns verbindet, sind nicht ein paar Werte des christlichen Abendlandes oder des Westens, sondern die zentralen Mysterien der heilsgeschichtlichen Offenbarung, die Dreifaltigkeit Gottes, die Inkarnation des göttlichen Logos, die endzeitliche Ausgießung des Heiligen Geistes, der Glaube an Christus, die Wirklichkeit und Wirksamkeit der Gnade, die Vergebung der Sünden, die Gotteskindschaft der Getauften, die Hoffnung auf die Auferstehung des Fleisches und das ewige Leben, die Liebe zu Gott und zum Nächsten als Erfüllung aller Gebote, die Heilige Schrift und die Apostolische Tradition der ungeteilten Christenheit und die Taufe, durch die wir Gottes Kinder und Freunde werden und als Glieder in den Leib Christi eingefügt sind, der die Kirche ist. Davon kann alle Bemühung ausgehen, die Differenzen im Verständnis der anderen Sakramente, der Eucharistie, des Bischofsamtes und des römischen Petrus-Dienstes wenigstens so weit zu überwinden, dass sie nicht mehr trennend sind im Glaubensbekenntnis und in der Kirchengemeinschaft.

Was Gott von uns erwartet und was wir Christen der Menschheit heute schuldig sind, ist das gemeinsame Zeugnis von der „Einheit im Glauben und in der Erkenntnis des Sohnes Gottes, damit wir zum vollkommenen Menschen werden und Christus in seiner vollendeten Gestalt darstellen.“ (Eph 4,13).

11. In der Welt seid ihr in Bedrängnis; aber habt Mut (Joh 16,33) Seht ich bin bei euch alle Tage (Mt 28,20)

Es ist nicht wahr, dass der Mensch von heute nicht mehr nach dem gnädigen Gott fragt. Er artikuliert die Grundfrage nach dem Gelingen oder Scheitern nur anders: „Was ist der Mensch? Was ist der Sinn des Schmerzes, des Bösen und des Todes? Was kann der Mensch der Gesellschaft geben, was von ihr erwarten? Was kommt nach dem irdischen Leben?"[97]

Diesen Fragen begegnen wir nicht mit selbst erdachten Welttheorien, Therapieangeboten und Sozialprogrammen, sondern mit dem Bekenntnis des Glaubens, der von Gott kommt und zu Gott hinführt. Und das ist – mit den Vätern des Zweiten Vatikanischen Konzils ausgedrückt – unsere gemeinsame Antwort aufgrund des Evangeliums der Rechtfertigung aus dem Glauben an Jesus den Christus:

„Die Kirche aber glaubt: Christus, der für alle starb und auferstand, schenkt dem Menschen Licht und Kraft durch seinen Geist, damit er seiner höchsten Berufung nachkommen kann; es ist kein anderer Name unter dem Himmel den Menschen gegeben, indem sie gerettet werden sollen. Sie glaubt ferner, dass in ihrem Herrn und Meister der Schlüssel, der Mittelpunkt und das Ziel der ganzen Menschheitsgeschichte gegeben ist."[98]

Dagegen steht das finanzstarke Programm der Dechristianisierung Europas seit der französischen und sowjetischen Revolution. Ziel ist die Erschaffung des neuen Menschen im liberalen Fortschrittskult, in den politischen Heilslehren des Faschismus und Kommunismus im 20. Jahrhundert und der Reduktion des Menschen auf einen komplexen Organismus ohne eine geistig-leibliche Natur mit Transzendenzbezug, Die Theorien nennen sich monistischer Materialismus, Positivismus oder Immanentismus, sie wirken sich nach unten ganz banal aus in der Korruption der Zeitgenossen durch sinnlichen Lebensgenuss (Drogen und Sex). In einem szientistisch-politisch-medialen Projekt soll diese Weltdeutung des Wahrheitsrelativismus und der Transzendenzverweigerung zum universalen Paradigma erhoben werden. Diesem totalitären Geltungsanspruch des Naturalismus gegenüber wird religiösen Gesamtdeutungen nur noch eine marginale und private Geltung zugestanden, so wie man in Namen einer angeblich überlegenen Kultur den Rest der Indianer zwar nicht mehr ausgerottet, aber dennoch in einem Reservat isoliert hatte. Das Christentum – so versichert man sich in autoritärem Gestus – habe nur noch historische Bedeutung und gehöre ins Museum der Religionsgeschichte.

Die Kirche verteidigt aber gegenüber dem totalitären Zugriff auf den Menschen mit dem Vorwand, ihm das Glück nach den ideologischen Vorstellungen von Wissenschaftlern, Politikern und Ökonomen aufzuzwingen, nicht nur sich selbst als Institution, sondern auch die individuelle und soziale Religions- und Gewissensfreiheit aller Menschen. Die Kirche ist Anwältin der Freiheit, die in der geistig-sittlichen Natur des Menschen verankert ist, und die dem Menschen nicht zukommt durch Zuschreibung oder Aberkennung durch Parlamentsmehrheiten oder öffentliche Meinungsführer.

Und die Freiheit des Menschen in seinen geistigen Überzeugungen und seinen sittlichen Haltungen kann nicht durch eine menschliche Einrichtung – wie etwa Staat, Erziehungswesen, Rechtsprechung – bloß faktisch und positivistisch manipuliert und normiert werden. Ein staatliches Gesetz ist nicht deshalb legitim, weil es formal korrekt erlassen wird, sondern weil es auf der Gerechtigkeit aufbaut und ihr zum Durchbruch verhelfen will. Um die rechtsstaatliche Demokratie steht es schlecht, wenn ein Arzt berufliche Nachteile erleidet, nur weil er die Tötung eines Menschen im Mutterleib verweigert, die nach seiner Überzeugung ein Verbrechen ist, oder wenn eine katholische Adoptionsvermittlung geschlossen wird, weil sie Kinder nicht einem beliebigen Paar oder einer Personengruppe ausliefert, da nach unserer Überzeugung die Bipolarität von Mann und Frau konstitutiv ist für Ehe und Familie und kein Kind seines natürlichen Rechtes auf seinen eigenen Vater und seine eigne Mutter beraubt werden darf.

Die Devise des Laizismus „Religion ist Privatsache“ ist ein brutaler Verstoß gegen die Menschenrechte und zudem gegen die Vernunft, da alle wesentlichen Akte des Menschen seiner Gemeinschaftsnatur entsprechen und demgemäß öffentlich sind. Seit der Aufklärung und französischen Revolution haben immer wieder sogenannte „Liberale“ und „Antiklerikale“ ihre schweren Rechtsbrüche gegen die katholische Kirche bis hin zur offenen Christenverfolgung mit ihrem Besitz einer höheren Einsicht gerechtfertigt. Ein Staat dagegen, der die zeitlichen Belange der Menschen in einer pluralen Gesellschaft zu regeln hat, darf sich nicht einer spezifischen Religion oder einer Antireligion und einer atheistischen Anthropologie verschreiben, sondern muss weltanschaulich neutral sein, aber auch all die Initiativen religiöser und nichtreligiöser Gemeinschaften für das Allgemeinwohl fördern.

Obwohl sie zur Erfüllung Ihrer Sendung auch menschlicher Mittel bedarf, beansprucht die Kirche in der Gesellschaft nicht politische Macht und medialen Glanz, sondern die Freiheit, ihre Sendung von Gott her für das Heil der Menschen wahrzunehmen. Denn die individuelle und gemeinschaftliche Religionsfreiheit und die öffentliche Ausübung der Religion und das Handeln nach dem eigenen Gewissen in der Öffentlichkeit und auch in den Institutionen des Staates, der nicht Eigentum und Beute der Laizisten, der Antiklerikalen mit ihrem absurden Überlegenheitsdünkel sein kann, ist das grundlegende Menschenrecht und die Basis allen friedlichen Zusammenlebens in einer Gesellschaft mit Menschen verschiedener Grundüberzeugungen. Die Kirche muss im Verbund mit anderen gesellschaftlichen Gruppen gegenüber dem Staat oder einer totalitären Ideologie die Religions- und Gewissensfreiheit verteidigen auf der Grundlage des natürlichen Sittengesetzes.

„Nun aber werden die Gebote des göttlichen Gesetzes vom Menschen durch die Vermittlung seines Gewissens erkannt und anerkannt; ihm muss er in seinem gesamten Tun in Treue folgen, damit er zu Gott, seinem Ziel, gelange. Er darf also nicht gezwungen werden, gegen sein Gewissen zu handeln. Er darf aber auch nicht daran gehindert werden, gemäß seinem Gewissen zu handeln, besonders im Bereiche der Religion. Denn die Verwirklichung und Ausübung der Religion besteht ihrem Wesen nach vor allem in inneren, willentlichen und freien Akten, durch die sich der Mensch unmittelbar auf Gott hin ordnet; Akte dieser Art können von einer rein menschlichen Gewalt weder befohlen noch verhindert werden. Die Sozialnatur des Menschen erfordert aber, dass der Mensch innere Akte der Religion nach außen zum Ausdruck bringt, mit anderen in religiösen Dingen in Gemeinschaft steht und seine Religion gemeinschaftlich bekennt. Es geschieht also ein Unrecht gegen die menschliche Person und gegen die Ordnung selbst, in die die Menschen von Gott hineingestellt sind, wenn jemandem die freie Verwirklichung der Religion in der Gesellschaft verweigert wird, vorausgesetzt, dass die gerechte öffentliche Ordnung gewahrt bleibt.

Hinzu kommt, dass die religiösen Akte, womit sich der Mensch privat und öffentlich aufgrund einer geistigen Entscheidung auf Gott hin ordnet, ihrem Wesen nach die irdische und zeitliche Ordnung übersteigen. Demnach muss die staatliche Gewalt, deren Wesenszweck in der Sorge für das zeitliche Gemeinwohl besteht, das religiöse Leben der Bürger nur anerkennen und begünstigen, sie würde aber, wie hier betont werden muss, ihre Grenzen überschreiten, wenn sie so weit ginge, religiöse Akte zu bestimmen oder zu verhindern."[99]

Im gesellschaftlichen Pluralismus ist die Kirche als Anwältin der Humanität. Bereits Papst Johannes XXIII. hat in seiner Enzyklika „Pacem in terris" (1963) eine eigene Charta der Menschenrechte vorgelegt, welche die „Allgemeine Erklärung der Menschenrechte" (1948) der Vereinten Nationen weit überbietet. Der Mensch ist Person. Das ist der Dreh- und Angelpunkt seiner unverletzlichen Würde. Damit überwindet die Kirche gerade den horizontalen Begründungsrahmen, der sich jederzeit schnell ändern kann, und führt die Diskussion auf den eigentlichen Kern: Mit Vernunft und Willensfreiheit ausgestattet hat die Person Rechte und Pflichten, die ihr von Natur aus eigen sind. Der unbedingte Respekt vor der Person, vor dem Leib und Leben des Mitmenschen muss von allen als gemeinsame Grundlage des Handelns akzeptiert werden. Dann gibt es eine echte Chance, dass Ungleichheiten bei der Partizipation an den Ressourcen der Erde verschwinden und die für alle Menschen gültige Freiheit zum tragenden Element aller sozialen Ordnungen wird:

„Jedem menschlichen Zusammenleben, das gut geordnet und fruchtbar sein soll, muss das Prinzip zugrunde liegen, dass jeder Mensch seinem Wesen nach Person ist. Er hat eine Natur, die mit Vernunft und Willensfreiheit ausgestattet ist; er hat daher aus sich Rechte und Pflichten, die unmittelbar und gleichzeitig aus seiner Natur hervorgehen. Wie sie allgemein gültig und unverletzlich sind, können sie auch in keiner Weise veräußert werden."[100]

Die Grundidee der Menschenrechte entspricht nicht nur zutiefst dem biblisch-christlichen Verständnis des Menschen, sondern ist die Wurzel, von der alle Initiativen für eine Wertschätzung des menschlichen Lebens ausgehen.

Die Ausgestaltung der Menschenrechte ist zutiefst mit der Lehre der Kirche verbunden. So hat das Zweite Vatikanische Konzil in der Pastoralkonstitution *Gaudium et Spes* eine eigene Interpretation von Menschenrechten vertreten:

„Kraft des ihr anvertrauten Evangeliums verkündet also die Kirche die Rechte des Menschen, und sie anerkennt und schätzt die Dynamik der Gegenwart, die diese Rechte überall fördert. Freilich muss diese Bewegung vom Geist des Evangeliums erfüllt und gegen jede Art falscher Autonomie geschützt werden. Wir sind nämlich der Versuchung ausgesetzt, unsere persönlichen Rechte nur dann für voll gewahrt zu halten, wenn wir jeder Norm des göttlichen Gesetzes ledig wären. Auf diesem Wege aber geht die Würde der menschlichen Person, statt gewahr zu werden, eher verloren."[101]

Menschenrechte sind also keine von der Gemeinschaft einiger Staaten konstruierten Regeln, sondern nur entschlüsselbar und dauerhaft als verbindliche Norm der Gesellschaft vorangestellt, wenn sie mit Gott in Verbindung gebracht werden. Menschenrechte, die auf dem Gestus einer politischen Ideologie beruhen, sind relativ, weil sie jederzeit von den Machthabern auch anders interpretiert und umgesetzt werden können. Eine Verankerung in Gott enthebt sie dem Zugriff und der Beliebigkeit des Menschen. Nur wo eine höhere Instanz anerkannt wird, ist der Mensch nicht mehr dem Menschen ausgeliefert oder gefangen im Goldenen Käfig eines neoliberalen und kapitalsozialistischen „Paradieses" auf Erden.

Zu den größten Herausforderungen der Kirche im 21. Jahrhundert gehört ohne Zweifel der Schutz des Menschen in allen Phasen seiner Entwicklung. Die Kirche hat als einzige Gemeinschaft sich stets dieser Aufgabe gestellt und in ihrer Soziallehre und in der Moraltheologie den Wert des Lebens eines jeden Menschen betont.

Deshalb dürfen wir nicht müde werden, den Menschen als Person in seiner Würde und mit seinen Rechten immer wieder in den Mittelpunkt zu stellen. Dem ideologischen Relativismus, der die letztverbindliche Wahrheit und eine normgebende Instanz für das moralische Handeln zugunsten einer Pseudo-Toleranz aufgeben möchte und die Frage nach Gott mittels eines aggressiven Atheismus ausschalten will, ist in erster Linie ein Kampf gegen den Menschen selbst.

Der kulturkämpferische Posthumanismus behauptet: Geist und Freiheit seien nur Epiphänomene und Funktionen der Neuronen des Gehirns und der Gene des Organismus. Gott wird als fiktive moralisierende und daher unmenschliche Strafinstanz belächelt. Ohne Gott sei der Mensch frei und unabhängig, keine Grenzen könnten ihn aufhalten, nicht einmal die Freiheit des Anderen. Mit dem Verlust Gottes wird der Mensch im Gegenteil aber degradiert in die biologischen Abläufe, ohne Willensfreiheit, ohne Rücksichtnahme, ohne dauerhaft gültige ethische Maßstäbe. Was heute als neueste Mode angepriesen wird gilt, kann morgen schon als von gestern verlacht werden.

Als Lösung kann im Prinzip nur die Besinnung auf den Menschen dienen. Der Mensch ist als leib-geistiges Wesen eben mehr als die Summe seiner biologischen und chemischen Zusammensetzung und seiner sozialen Konditionierung, er ist mehr ist als ein Tier auf zwei Beinen und durch die Freiheit selbst in die Verantwortung für ein sinnvolles und gelingenden Lebens entlassen. Es ist daher entscheidend, den Menschen als Geschöpf Gottes, als Person in Beziehung zum personalen Gott der drei-einigen Liebe, als Individuum in Gemeinschaft mit seiner Würde und mit seinen Rechten herauszustellen. Die grundlegende christliche Auffassung von der geist-leiblichen und sozialen Natur des Menschen ist dafür der Anhaltspunkt.

So steht im Mittelpunkt der christlichen Anthropologie nicht nur die isolierte Person an sich, sondern die Person in Gemeinschaft, deren Urform die Familie ist. Sie muss geschützt werden als der Raum, an dem jeder Mensch liebevoll angenommen wird und heranreift zu einem Menschen, der in der Hingabe, der Opferbereitschaft, im Mit-Sein und Für-andere-da-Sein sich entfalten kann und so reflexiv zu sich selbst findet. Die Familie ist der „natürliche Ort der Menschwerdung“. Christliche Anthropologie verliert sich nicht in eine vage Spekulation, sondern hat konkrete Ansatzpunkte und Erkenntnisse, derer wir uns oft erst dann gewahr werden, wenn sie ausgeblendet und geleugnet werden. Vielmehr geht es um die Erkenntnis der Freiheit, die darin besteht, die von Gott in der Natur des Menschen grundgelegten Gebote als sichere Wege zur Vollendung in der Liebe anzunehmen. Erst wenn wir erkannt haben, dass wir zur Liebe berufen sind, können wir die uns geschenkte und in Verantwortung übergebene Freiheit richtig gebrauchen. Freiheit liegt nicht dann vor, wenn wir sie zur Abgrenzung nutzen, sondern wenn wir sie zum Guten einsetzen, weil dadurch unser Menschsein als Verwiesenheit auf Gott als Ursprung und Ziel allen Seins aufleuchtet.

Aufgabe der Kirche ist es, dieses „Evangelium des Lebens“ (Johannes Paul II.) der Anti-Kultur des Todes entgegenzustellen und die Bedrohungen der menschlichen Person, von deren Größe und Kostbarkeit, mit der Verkündigung der Frohen Botschaft zu bewältigen.

„Das Evangelium von der Liebe Gottes zum Menschen, das Evangelium von der Würde der Person und das Evangelium vom Leben sind ein einziges, unteilbares Evangelium. Der Mensch, der lebendige Mensch stellt den ersten und grundlegenden Weg der Kirche dar.“[102]

„Jeder Mensch ist auf Grund des Geheimnisses vom fleischgewordenen Wort Gottes der mütterlichen Sorge der Kirche anvertraut. Darum muss jede Bedrohung der Würde und des Lebens des Menschen eine Reaktion im Herzen der Kirche auslösen, sie muss sie im Zentrum ihres Glaubens an die erlösende Menschwerdung des Gottessohnes treffen, sie muss sie miteinbeziehen in ihren Auftrag, in der ganzen Welt und allen Geschöpfen das Evangelium vom Leben zu verkünden.“[103]

Weil die Zeitgenossen ebenso wie wir Christen Gottes Geschöpfe und geliebte Kinder sind, dürfen wir ihnen das Evangelium nicht schuldig bleiben. Das Geheimnis von Mensch, Welt und Geschichte wird nur im Licht des fleischgewordenen Wortes, nämlich in Jesus Christus, für uns hell. In IHM erfahren wir unsere göttliche Berufung zur Gotteskindschaft und Gottesfreundschaft zur Auferstehung des Fleisches und zum ewigen Leben und zugleich erfassen wir unsere Verantwortung dem Nächsten und der Welt gegenüber.

Im vollen Bewusstsein der komplexen Situation der globalen Welt und aufgrund einer klaren Analyse der geistesgeschichtlichen, kulturellen, politischen und ökonomischen Chancen und Krisen der heutigen Menschheit umschreibt das Zweite Vatikanische Konzil die Mission der Kirche in einer pluralistischen Gesellschaft auf diese Weise:

„Von da wird klarer in Erscheinung treten, dass das Volk Gottes und die Menschheit, der es eingefügt ist, in gegenseitigem Dienst stehen, sodass die Sendung der Kirche sich als eine religiöse und gerade dadurch höchst humane erweist."[104]

12. Ich gebe euch Hirten nach meinem Herzen (Jer 3,15)

Jesus Christus, der Sohn des Vaters ist als Haupt der neuen Menschheit und der Kirche der Hohepriester des Neuen und Ewigen Bundes. Ein Synonym für den Hohenpriester, der sein Blut vergossen hat zur Sühne für unsere Sünden (vgl. Hebr 13,11) ist der „erhabene Hirt der Schafe", den Gott „von den Toten herausgeführt hat durch das Blut eines ewigen Bundes" (Hebr 13,20). Jesus, der Sohn des Vaters, offenbart seinen Jüngern das Geheimnis seiner Person und Sendung: „Ich bin der gute Hirt. Der gute Hirt gibt sein Leben für die Schafe" (Joh 10,11). Da das Wort bei Gott war und der Sohn des Vaters Gott ist, wird in ihm die Selbstverheißung Gottes wahr, selbst sein Volk als einziger Hirte zu weiden. In ihm macht Gott die Verheißung war, sich selbst als Hirte um sein Volk zu kümmern (vgl. Ez 34,11 f.). Der Apostel Petrus schreibt den Christen seiner Zeit: „Denn ihr hattet euch verirrt wie Schafe: jetzt aber habt ihr euch hingewandt zum Hirten und Bischof eurer Seelen" (1Petr 2,25). Es ist Jesus, der Sohn Gottes, der durch die Inkarnation in gleicher Weise wie wir Fleisch und Blut angenommen hat (vgl. Hebr 2,14), von dem es heißt: „Darum musste er in allem seinen Brüdern gleich sein, um ein barmherziger und treuer Hohepriester vor Gott zu sein und die Sünden des Volkes zu sühnen" (Hebr 2,17). Von unserem „Hohenpriester, der mitfühlen kann mit unseren Schwächen" (Hebr 4,15) heißt es in der Zeit seines irdischen Wirkens: „Als Jesus die vielen Menschen sah, hatte er Mitleid mit ihnen; denn sie waren wie Schafe, die keine Hirten haben" (Mk 6,34).

Er setzte die Apostel und in ihnen ihre Nachfolger im Bischofs- und Priesteramt ein, dass sie in seinem Namen seine Sendung als Lehrer, Priester, Hirten in der Kirche weiterführen. Zu allen Apostel sagt Jesus in einer Oster-Erscheinung: „Friede sei mit euch. Wie mich der Vater gesandt hat, so sende ich euch. Empfangt den Heiligen Geist. Denen ihr die Sünden erlasst, denen sind sie erlassen; denen ihr sie behaltet, sind sie behalten" (Joh 20,22 f.). Und zu Simon Petrus sagt der auferstandene Herr dreimal: „Weide meine Lämmer, weide meine Schafe" (Joh 21,15–17).

Ohne in diesem Zusammenhang auf die spätere Differenzierung des apostolischen Dienstes in den Grad des Bischofs und des Presbyters einzugehen, stellt der Apostel das Wesen des Bischofs- und Priesteramts als Hirtenamt im Sinne der Hingabe Christi, des guten Hirten und des Hohenpriesters des Neuen Bundes dar.

Den von den Aposteln eingesetzten Priestern sagt Paulus: „Gebt Acht auf euch und auf die ganze Herde, in der euch der Heilige Geist zu Bischöfen bestellt hat, damit ihr als Hirten für die Kirche des Herrn sorgt, die er sich durch sein eigenes Blut erworben hat" (Apg 20,28). Und der Apostel Petrus ermahnt die Presbyter-Vorsteher als „Mit-Presbyter und Zeuge der Leiden Christi": „Weidet die euch anvertraute Herde, nicht gezwungen, sondern freiwillig, wie Gott es will; auch nicht aus Gewinnsucht, sondern mit Hingabe; seid nicht Beherrscher der Gemeinden, sondern Vorbilder für die Herde. Wenn dann der oberste Hirt erscheint, werdet ihr den nie verwelkenden Kranz der Herrlichkeit empfangen" (1 Petr 5,1–4).

Wenn die katholischen Bischöfe und die Priester die Würde ihrer Berufung verstehen als Opfer ihres Lebens im Dienst des „Einzigen, der Gott ist und am Herzen des Vaters ruht (Joh 1,18) und dessen menschliches Herz am Kreuz geöffnet worden ist zum Heil der Welt, dann wird ihre Hingabe zum Segen für die Menschen. Denn Gott löst mit ihnen sein Versprechen ein: „Ich gebe euch Hirten nach meinem Herzen“ (Jer 3,15).

Das II. Vaticanum gibt uns eine kurze Zusammenfassung der kirchlichen Lehre über das sakramentale Weiheamt:

„Christus, den der Vater geheiligt und in die Welt gesandt hat (Joh 10,36), hat durch seine Apostel deren Nachfolger, die Bischöfe, seiner eigenen Weihe und Sendung teilhaftig gemacht. Diese wiederum haben die Aufgabe ihres Dienstamtes in mehrfacher Abstufung verschiedenen Trägern in der Kirche rechtmäßig weitergegeben. So wird das aus göttlicher Einsetzung kommende kirchliche Dienstamt in verschiedenen Ordnungen ausgeübt von jenen, die schon seit alters Bischöfe, Priester, Diakone heißen. Die Priester haben zwar nicht die höchste Stufe der priesterlichen Weihe und hängen in der Ausübung ihrer Gewalt von den Bischöfen ab; dennoch sind sie mit ihnen in der priesterlichen Würde verbunden und kraft des Weihesakramentes nach dem Bilde Christi, des höchsten und ewigen Priesters (Hebr 5,1–10; 7,24; 9,11–28), zur Verkündigung der Frohbotschaft, zum Hirtendienst an den Gläubigen und zur Feier des Gottesdienstes geweiht und so wirkliche Priester des Neuen Bundes. Auf der Stufe ihres Dienstamtes haben sie Anteil am Amt des einzigen Mittlers Christus (1Tim 2,5) und verkünden allen das Wort Gottes. Am meisten üben sie ihr heiliges Amt in der eucharistischen Feier oder Versammlung aus, wobei sie in der Person Christi handeln und sein Mysterium verkünden, die Gebete der Gläubigen mit dem Opfer ihres Hauptes vereinigen und das einzige Opfer des Neuen Bundes, das Opfer Christi nämlich, der sich ein für allemal dem Vater als unbefleckte Gabe dargebracht hat (vgl. Hebr 9,11–28), im Messopfer bis zur Wiederkunft des Herrn (vgl. Kor 11,26) vergegenwärtigen und zuwenden. Für die büßenden oder von Krankheit heimgesuchten Gläubigen walten sie vollmächtig des Amtes der Versöhnung und der Wiederaufrichtung; die Nöte und Bitten der Gläubigen tragen sie zu Gott dem Vater hin (vgl. Hebr 5,1–4). Das Amt Christi des Hirten und Hauptes üben sie entsprechend dem Anteil ihrer Vollmacht aus, sie sammeln die Familie Gottes als von einem Geist durchdrungene Gemeinde von Brüdern und führen sie durch Christus im Geist zu Gott dem Vater. Inmitten der Herde beten sie ihn im Geist und in der Wahrheit an (vgl. Joh 4,24). Endlich mühen sie sich im Wort und in der Lehre (vgl. 1Tim 5,17), sie glauben, was sie im Gesetz des Herrn meditierend gelesen haben, lehren, was sie glauben, verwirklichen, was sie lehren."[105]

Das Wesentliche des Christseins ist nach Thomas von Aquin in der Freundschaft mit Gott zu sehen. Die grundlegende Aufgabe der Kirche, die auf den Glauben und die Sakramente gegründet ist, besteht darin, der Gemeinschaft der Menschen mit Gott zu dienen. Verkündigung, Sakramente und Ämter der Kirche sind Mittel und Werkzeuge für ein christliches Leben in und mit Gott. Die Sakramente vermitteln in der Kraft des Heiligen Geistes die Gemeinschaft mit Gott. Die Eucharistie ist das höchste aller Sakramente und deshalb Mitte und Höhepunkt des kirchlichen Lebens. Auf sie sind alle anderen Sakramente hingeordnet. Von ihr her muss auch das Bischofsamt verstanden werden.

Thomas von Aquin bezieht das Bischofs- und Priesteramt auf den Auftrag des Herrn an Petrus: „Weide meine Schafe!" (Joh 21,17). Immer wieder zitiert er das Bild-Wort vom guten Hirten, der sein Leben hingibt für seine Schafe (vgl. Joh 10,11). Hirte seiner ihm anvertrauten Herde zu sein, das ist die Hauptsache und das Ziel des Bischofsamtes. Der Bischof/Priester ist beauftragt zum Dienst am Heil der Gläubigen. Darin folgt er Jesus Christus nach, der der Mensch für die anderen ist und sein Leben hingibt für die vielen (vgl. Mk 10,45). Der dem Bischof aufgetragene Leitungsdienst ist ein pastoraler Dienst zur Auferbauung der Kirche.

Menschlich und christlich ist der aufzehrende Dienst des Priesters nur mit der nötigen Gelassenheit zu leisten. Deshalb darf der Vorsteher der Kirche unter der Last des Hirtenamtes die Freude an der Wahrheit, die aus dem Gebet und der Meditation fließt, nicht hintansetzen. Thomas von Aquin hat nicht den geschäftigen bischöflichen Pastoralmanager vor Augen. Er erwartet von den Hirten vielmehr, dass sie trotz aller Hirtensorge, ja gerade wegen ihrer Hirtensorge genügend Zeit zum Studium und zum beschaulichen Leben finden. Nur so können sie dem ihnen aufgetragenen Dienst der Verkündigung gerecht werden und für die Menschen „Diener der Freude“ (2Kor 1,24) sein.

Kirche vollzieht sich in der Eucharistiefeier, in der zugleich das Wort der Verkündigung präsent wird. Das schließt zunächst den lokalen Aspekt ein. Die Eucharistie wird an einem konkreten Ort mit den an ihm lebenden Menschen gefeiert. Dort beginnt der Vorgang der Sammlung des Gottesvolkes. Kirche ist nicht ein Club von Freunden, in dem sich Menschen mit gleichen Neigungen zusammenfinden. Der Ruf Gottes gilt allen Menschen. Die Kirche der ersten Jahrhunderte wollte von Anfang an öffentlich sein wie der Staat selbst, weil sie das neue Volk Gottes ist, zu dem alle gerufen sind. Deshalb gehören alle Gläubigen, die an einem Ort leben, zur selben Eucharistie: Reiche und Arme, Gebildete und Ungebildete, Juden und Heiden, Frauen und Männer. Wo Christus ruft, zählen diese Unterschiede nicht mehr (vgl. Gal 3,28).

Nur von hier aus ist zu verstehen, warum der Märtyrerbischof Ignatius von Antiochien (gestorben um 110) die Kirchenzugehörigkeit so nachdrücklich an die Gemeinschaft mit dem Bischof gebunden hat. Der Bischof verteidigt die Einheit des Glaubens gegen jede Gruppenbildung, gegen die Spaltung in Rassen und Klassen. Der Bischof einer Diözese steht dafür, dass die Kirche eine ist für alle, weil Gott einer ist für alle. Insofern hat die Kirche immer eine ungeheure Versöhnungsaufgabe zu erfüllen. Nur von der Liebe dessen her, der für alle gestorben ist, kann diese Versöhnung geschehen. Der Epheserbrief (2,14) sieht die tiefste Bedeutung von Christi Tod darin, dass er „die Trennmauer der Feindschaft" niedergerissen hat.

Das „für die Vielen vergossene" Blut Christi kann man in der Eucharistie nicht trinken, indem man sich in den Kreis der „Wenigen" zurückzieht. Die Eucharistie ist die Liturgie des ganzen Christus, Haupt und Leib. Die Versöhnung mit Gott, die uns in ihr angeboten ist, setzt immer die Versöhnung mit den Mitmenschen voraus (vgl. Mt 5,23 f).

Die eucharistische Existenz der Kirche verweist uns zunächst auf die örtliche Versammlung des Gottesvolkes. Das Bischofsamt gehört wesentlich zur Eucharistie – als Dienst an der Einheit, die notwendig aus dem Opfer- und Versöhnungscharakter der Eucharistie folgt. Eine eucharistisch verstandene Kirche ist – so Ignatius von Antiochien – eine bischöflich verfasste Kirche.

Wer die Kirche der ersten Jahrhunderte in ihrem Lebensvollzug näher kennenlernt, sieht, dass sie nie aus einem bloßen Nebeneinander von Ortskirchen bestand. Vielfältige Formen realisierter Katholizität gehörten von Anfang an wesentlich zur Kirche. In der apostolischen Zeit sind es vor allem die Apostel selbst, die oberhalb des Lokalprinzips stehen. Der Apostel ist nicht Bischof einer Gemeinde, sondern Missionar für die ganze Kirche. Er bringt in seiner Person die Universalkirche zum Ausdruck. Keine Ortskirche kann ihn für sich allein in Anspruch nehmen. Paulus hat seinen Auftrag zur Förderung der Einheit durch seine Briefe und durch ein Netz von Boten wahrgenommen. Diese Briefe sind ausgeübter katholischer Dienst der Einheit, der sich allein aus der universalkirchlichen Autorität des Apostels erklärt.

In der Zeit der Apostel ist das katholische Element in der Kirchenstruktur offenkundig. Das universal ausgerichtete Amt hat den Vorrang vor den lokalen Ämtern. Erst wenn man dies begriffen hat, ist die ganze Tragweite der Aussage zu verstehen, dass die Bischöfe die Nachfolger der Apostel sind.

In der ersten Phase der Kirche standen die Bischöfe als Träger ortskirchlicher Verantwortung klar unter der gesamtkirchlichen Autorität der Apostel mit Petrus an der Spitze. Dass im Prozess der Gestaltwerdung der nachapostolischen Kirche ihnen auch der Platz der Apostel zuerkannt wurde bedeutet, dass sie nun eine über das Lokale hinausreichende Verantwortung übernehmen. Die Flamme des Missionarischen darf auch in der neuen Situation nicht erlöschen. Die Kirche kann nicht ein bloßes Nebeneinander von Ortskirchen sein, die sich im Prinzip selbst genügen. Sie muss apostolisch und missionarisch bleiben. Die Dynamik der Einheit prägt ihre gesamte Struktur.

Im zweiten Jahrhundert hat Irenäus von Lyon mit Nachdruck gesagt: „Diese Botschaft, die sie empfangen hat, und diesen Glauben ... hütet die über die Welt hin verstreute Kirche sorgsam, da sie ja gleichsam ein einziges Haus bewohnt und in ihrem Glauben denen gleicht, die sozusagen nur eine Seele hatten und ein Herz; sie verkündigt, lehrt und überliefert im Gleichklang wie mit einem einzigen Mund. Denn wenn auch auf der Welt unterschiedliche Sprachen bestehen, so ist die Kraft der Überlieferung doch nur eine und dieselbe. Weder überliefern oder glauben die in Germanien gegründeten Kirchen anderes, noch die bei den Iberern, noch die bei den Kelten, noch die im Orient ... Wie die Sonne in der ganzen Welt eine und dieselbe ist, so leuchtet auch das Licht, die Verkündigung der Wahrheit, überall und leuchtet allen Menschen, die zur Erkenntnis der Wahrheit kommen wollen. Und auch der begabteste Prediger unter den kirchlichen Vorstehern predigt nichts anderes als die anderen, denn keiner steht ‚über dem Lehrer' (Mt 10,24); und der schwach begabte Prediger tut der Überlieferung keinen Abbruch."[106]

Der Bischof ist das Bindeglied der Katholizität (katholisch heißt wörtlich: auf das Ganze bezogen). Er hält die Verbindung mit den anderen Ortskirchen und verkörpert so das apostolische und das katholische Element in der Kirche. Das kommt schon in seiner Weihe zum Ausdruck. Der Bischof wird wenigstens von einer Gruppe von drei Nachbarbischöfen geweiht. Keine Gemeinde kann sich ihren Bischof einfach selbst geben. Wir haben den Glauben nicht selbst hervorgebracht, sondern von außen her empfangen. Der Glaube setzt immer eine Grenzüberschreitung voraus – das Gehen zu den anderen und das Kommen von den anderen, das dann auf die Herkunft von *dem* anderen, Jesus Christus, verweist.

Im Hinblick auf das Verhältnis von Gesamtkirche und Teilkirche kommt dem Bischof eine zentrale Stellung zu. Er verkörpert von der Einheit des Sakramentes und des Wortes her die Einheit der Ortskirche (= Diözese). Der Bischof ist zugleich Bindeglied zu den anderen Ortskirchen hin: Er trägt Sorge für die Einheit der Kirche in seiner Diözese und zugleich ist ihm aufgetragen, die Einheit seiner Ortskirche mit der Gesamtkirche, der einen Kirche Jesu Christi, immer neu zu beleben.

Der Bischof trägt – wie Joseph Ratzinger einmal gesagt hat – die Verantwortung für die katholische und für die apostolische Dimension seiner Ortskirche. Diese beiden Wesenselemente der Kirche prägen in besonderer Weise sein Amt, aber sie hängen auch unmittelbar mit den beiden anderen Kennzeichen der Kirche zusammen: Das Apostolisch- und das Katholisch-Sein dient dem Einssein. Ohne Einheit gibt es auch keine Heiligkeit. Denn Heiligkeit vollzieht sich wesentlich in der Integration der einzelnen in die versöhnende Liebe des einen Leibes Jesu Christi hinein. Die Reinigung der eigenen Existenz durch ihr Eingeschmolzenwerden in die allumfassende Liebe Christi bewirkt die Heiligkeit des Menschen, die die Heiligkeit des dreifaltigen Gottes selbst ist.

Die Sendung des Bischofs ist grundsätzlich mit dem umschrieben, was die Heilige Schrift als den Willen Jesu hinsichtlich der Apostel benennt: Sie sind von Christus berufen, damit sie „mit ihm seien und damit er sie sende" und „damit sie Vollmacht haben" (Mk 3,14 f.).

Die Grundvoraussetzung des bischöflichen Dienstes ist die innere Gemeinschaft mit Jesus Christus, das Mit-Sein mit ihm. Der Bischof muss Zeuge der Auferstehung sein. Er muss in Berührung mit dem auferstandenen Christus stehen. Ohne dieses innere Mit-Sein mit Christus wird er zu einem bloßen Kirchenbeamten. Zeuge und Apostelnachfolger wäre er dann nicht mehr. Das Mit-Sein mit Jesus Christus, das die Verinnerlichung des Glaubens voraussetzt, bewirkt zugleich die Beteiligung an der Sendung Jesu. Denn Christus ist mit seiner ganzen Existenz der Gesandte, der sein Mit-Sein mit dem Vater zu einem Mit-Sein mit den Menschen gemacht hat. Die Sendung des Bischofs besteht vor allem darin, das Mit-Sein mit Gott zu den Menschen zu tragen und sie selbst in dieses Mit-Sein hinein zu versammeln.

Wenn den Aposteln die Vollmacht übertragen wird, die bösen Geister zu vertreiben, so wird der Sinn dieses Auftrages hier verständlich: Das Ankommen der Sendung Jesu heilt und reinigt die Menschen von innen her. Es reinigt die Atmosphäre des Geistes, in der sie leben, durch das Hereintreten des Heiligen Geistes. Durch Christus mit Gott zu sein und Gott zu den Menschen zu bringen, das ist der Auftrag des Bischofs. „Wer nicht mit mir sammelt, der zerstreut", sagt Jesus (Mt 12,30). Der Bischof hat den Auftrag, mit Jesus zu sammeln.

Daraus ergibt sich ein Zweites: Jeder Bischof steht in der Nachfolge der Apostel. Nur der Bischof von Rom ist Nachfolger eines bestimmten Apostels, des heiligen Petrus. Ihm ist die Verantwortung für die ganze Kirche übertragen. Alle anderen Bischöfe sind Nachfolger *der* Apostel, nicht eines bestimmten. Sie gehören dem Kollegium der Bischöfe an. Der „kollegiale" Aspekt ist die notwendige Konsequenz der katholischen und apostolischen Dimension des Bischofsamtes.

Da ist zunächst die besondere Verbundenheit der Bischöfe einer Region (Bischofskonferenz), die in einem gemeinsamen politischen und kulturellen Kontext nach einem gemeinsamen Weg ihres bischöflichen Dienstes suchen. Dabei ist die persönliche Verantwortung jedes einzelnen Bischofs wie auch die Suche nach dem gemeinsamen Zeugnis gefordert.

Wenn wir von der Gemeinschaft der Bischöfe sprechen, ist eine weitere Ebene zu beachten: Das Kollegium der Bischöfe existiert nicht nur synchron, d.h. in der Gegenwart, sondern auch diachron, d.h. die Zeiten übergreifend. Insofern ist in der Kirche keine Generation isoliert.

Der Bischof verkündigt nicht selbst erdachte Ideen. Er ist vielmehr Gesandter und Bote Jesu Christi. Wegweiser in die Botschaft hinein ist für ihn die Gemeinschaft der Kirche aller Zeiten. Eine Mehrheit, die sich irgendwo gegen den Glauben der Kirche aller Jahrhunderte bilden würde, wäre keine Mehrheit im Sinne des Glaubens. Die wahre Mehrheit in der Kirche ist diachron, d.h. sie übergreift die Zeiten. Nur wer auf diese ganze Mehrheit hört, bleibt in der Gemeinschaft der Apostel.

Der Glaube sprengt die Selbstverabsolutierung der jeweiligen Gegenwart. Indem er sie öffnet auf den Glauben aller Zeiten hin, befreit er sie vom ideologischen Wahn und hält zugleich die Zukunft offen. Eine wichtige, dem Gemeinschaftscharakter seines Amtes entspringende Aufgabe des Bischofs besteht darin, Sprecher dieser die Zeiten übergreifenden Mehrheit der Gläubigen zu sein, d.h. die Stimme der die Jahrhunderte vereinigenden Kirche zu sein.

Der Bischof vertritt die Gesamtkirche gegenüber seiner Ortskirche und die Ortskirche gegenüber der Gesamtkirche. So dient er der Einheit. Er darf nicht zulassen, dass sich die Ortskirche in sich selbst verschließt. Vielmehr muss er sie auf das Ganze hin öffnen, damit die belebenden Kräfte der Charismen hin- und her fließen können. Der Bischof, der die Ortskirche der Universalkirche gegenüber aufschließt, bringt in die Gesamtkirche die besondere Stimme seiner Diözese ein, ihre besonderen Gnadengaben, ihre Vorzüge und Leiden. Alles gehört allen. Der Beitrag jeder Ortskirche ist wichtig für das Wohl der Gesamtkirche.

Der Papst als Nachfolger des heiligen Petrus darf in seiner Amtsausübung die besonderen Gaben der einzelnen Ortskirchen nicht ersticken und nicht in eine falsche Uniformität hineinzwängen. Vielmehr muss er die verschiedenen Charismen der Ortskirchen im lebendigen Austausch des Ganzen wirksam werden lassen. Der Papst soll an menschlichem Recht über das aus dem Sakrament kommende heilige Recht hinaus nur das auferlegen, was wirklich nötig ist. Genauso sollen der Bischof und die Bischofskonferenzen in ihrem Bereich verfahren. Sie müssen sich vor pastoraler Uniformierung hüten. Auch sie haben die Regel des heiligen Paulus zu berücksichtigen: „Löscht den Geist nicht aus! ... Prüft alles, und behaltet das Gute!" (1Thess 5,19.21). Es darf in der Kirche keinen Uniformismus der pastoralen Planungen geben. Vielmehr muss –

unter dem Maß der Einheit des Glaubens – Raum bleiben für die Vielfalt der Gaben Gottes.

Die Apostel sind immer „bis an die Enden der Erde" gesandt. Deshalb kann sich der Auftrag des Bischofs nie im innerkirchlichen Bereich erschöpfen. Das Evangelium gilt allen Menschen. Den Apostelnachfolgern obliegt die Verantwortung, es in die Welt hinauszutragen. Der Glaube muss immer neu denen verkündet werden, die Christus noch nicht als ihren Erlöser erkennen. Darüber hinaus haben die Bischöfe auch eine Verantwortung für die Angelegenheiten des öffentlichen Lebens wahrzunehmen.

Es ist unbestritten, dass dem Staat eine Autonomie gegenüber der Kirche zukommt. Der Bischof muss das eigene Recht des Staates anerkennen. Er vermeidet die Vermischung von Glauben und Politik und dient der Freiheit aller, indem er die Identifikation des Glaubens mit einer bestimmten Form der Politik nicht zulässt. Das Evangelium gibt der Politik Wahrheiten und Werte vor, aber es antwortet nicht auf konkrete Einzelfragen in Politik und Wirtschaft. Die „Autonomie der irdischen Dinge"[107], von der das Zweite Vaticanum gesprochen hat, müssen alle Gläubigen beachten. Nur so bleibt die Kirche ein offener Raum der Versöhnung zwischen den Parteien. Nur so wird sie nicht selbst Partei. Diesbezüglich ist auch die Achtung vor der Mündigkeit der Laien ein wichtiger Aspekt des bischöflichen Dienstes.

Aber die Autonomie der weltlichen Angelegenheiten ist nicht absolut. Augustinus hat im Anschluss an die Erfahrungen der römischen Kaiserzeit darauf hingewiesen, dass die Grenzen zwischen dem Staat und einer Räuberbande fließend werden, wenn ein bestimmtes ethisches Minimum unterschritten wird. Der Staat bringt das Recht nicht einfach hervor. Was in sich Unrecht ist, wie z.B. die Tötung unschuldiger Menschen, kann kein Gesetz des Staates zu einem Recht erklären.

Den Christen kommt die dringliche Aufgabe zu, im Bereich des politischen Lebens die Hörfähigkeit für die Stimme der Schöpfung zu erhalten. Der Bischof muss dafür Sorge tragen, dass die Menschen nicht taub werden für die grundlegenden Wahrheiten des Gewissens, die Gott in jedes Menschenherz eingeschrieben hat. Der heilige Gregor der Große hat einmal gesagt, der Bischof müsse eine gute Nase haben, d.h. das Gespür, das ihn unterscheiden lässt zwischen richtig und falsch. Das gilt für den innerkirchlichen Bereich genauso wie für den Bereich des gesellschaftlichen und politischen Lebens. Gerade der Respekt vor dem Eigenen des öffentlichen Lebens verlangt, dass die Kirche auch als Anwalt der Schöpfung auftritt, wo im Gewirre des Selbstgemachten deren Stimme lautstark überschrien wird. Zu den herausragenden Aufgaben der Bischöfe und Priester gehört es, die Gewissen der Menschen zu wecken und sie sensibel zu machen für die Erfordernisse der Zeit.

13. Mit der Erlösung unseres Leibes als Söhne offenbar (Röm 8,23)

Die Hoffnung auf die leibliche Auferstehung ist die Gegenprobe unser Auffassung von der inkarnatorischen und sakramentalen Wirklichkeit der allen Präsenz Gottes in unserem Sein als Personen in einer geist-leiblichen Natur.

„Gesät wird ein irdischer Leib, auferweckt ein überirdischer Leib." (1Kor 15,44) Durch Christi Kreuz und Auferstehung sind die Menschen von der Sünde Adams wie auch ihrer Folge, dem ewigen Tod, befreit. Die Wirkung des Leidens Christi wird durch die Sakramente vermittelt. In der Taufe und der Buße (und Krankensalbung) geschieht die Vergebung der *Sünden-Schuld* und der ewigen (aber nicht aller zeitlichen) Sündenstrafen. Der Mensch tritt in das übernatürliche Gottesverhältnis ein und empfängt durch die Sakramentsgnade ein Unterpfand der künftigen Herrlichkeit. Erst am Ende der Welt empfangen die Menschen die volle Wirkung der Auferstehung, nämlich die Überwindung des Todes als Sündenstrafe, wenn Christus durch seine Macht alle Toten auferweckt.

Vermag die Vernunft auch den Gedanken der Auferstehung nicht zu erzwingen, so kann er doch immerhin einleuchten, wenn die Argumentation beim Sein des Menschen und dem Sinn seiner Existenz ansetzt. Gemäß der Schöpferabsicht ist die Seele unsterblich erschaffen. Sie ist das Prinzip der geschöpflichen Existenz des Menschen. Sie verwirklicht die geist-leibliche Einheit und bezeichnet die Disposition der geistigen und freien Natur des Menschen für den Empfang der übernatürlichen Gnade. Die Seele ist der kontinuierliche Träger der geschaffenen Natur des Menschen in all ihren sittlichen Dispositionen und geschichtlichen Modalitäten. Dem Wesen der Seele widerspricht ein Sein außerhalb der Materie, in der sie subsistiert. Wird im Tod durch den Verfall des Körpers die Materie zerstört, so bleibt die Seele unvollkommen und verlangt von ihrer Natur her nach voller Wiederherstellung der leib-seelischen Integrität. Weil eine solche Auferstehung aber ihre eigene Kraft übersteigt, vermag nur Gott selbst die Auferstehung des Menschen, d.h. sowohl die Wiederherstellung der integralen Natur des Menschen als auch ihre Vollendung, herbeizuführen durch die Gnade.

Der Mensch aber wird jenseits seines Todes nicht aus dem Nichts, vermittels der Erinnerung Gottes an ihn, neu hervorgebracht, sodass zwischen dem Menschen in seiner irdischen Existenz und in seiner Vollendung im Himmel keine natürliche Identität bestünde. Im Tod wird nur der Zusammenhang der konstitutiven Prinzipien von individueller Seele und Materie aufgelöst. Die Seele aber bleibt das Prinzip der Identität und die substantiale Form des Leib-Seele-Einheit. Die Materie bleibt der Möglichkeitsgrund, in den die Seele die Individualität und Personalität des Menschen und seiner Subsistenz bringt. Die Seele existiert also nie völlig unkörperlich, weil sie als die substantiale Form auch die metaphysische Identität des Selbstausdrucks in der Materie und damit auch die leibliche Identität des Menschen garantiert. In diesem Sinne steht der Mensch in seinem „eigenen Leib" auf zum ewigen Leben und erscheint in materieller Identität mit seiner irdischen Existenz: in numero idem. Zu beachten ist hier, dass Seele und Materie als metaphysische Prinzipien tätig sind. Eine empirische und quantifizierbare Kontinuität, die vom Menschen im Pilgerstand feststellbar wäre, gibt es nicht. Hat aber beim Tod ein Glied gefehlt, oder war der Mensch von Anfang seines Daseins an leiblich entstellt, so werden durch die Allmacht und die Güte Gottes alle Mängel aufgehoben, weil in der erlösten und vollendeten Materie die Folgen der Sünde so restlos überwunden sind, dass die Seele ihre notwendig dreidimensionale Formierungskraft der Materie einprägt. So kann das spezifische Erscheinungsbild des Menschen seinem generischen Erscheinungsbild entsprechen.

Wie beschaffen ist der auferstandene Leib?

Hier tut sich nicht das weite Feld für Spekulationen und Phantasmagorien auf. Die Glaubensaussagen der Kirche richten sich nur darauf, die Wirklichkeit der Auferstehung des ganzen Menschen in Leib und Seele festzuhalten und nichts anderes als Maß gelten zu lassen als die Gleichgestaltung mit dem verklärten Leib Christi. Die geistliche Tradition der Kirche hat immer an dem tröstlichen Bild festgehalten, das den menschlichen Körper im Alter von 33 Jahren als Ideal des verherrlichten Leibes der Erlösten darstellt. Dabei ist noch mehr als an den biologischen Kulminationspunkt an die unmittelbare Anschauung der verklärten menschlichen Natur des Gott-Menschen Jesus Christus gedacht. Das „Voll-Alter Christi" (Eph 4,13) errechnet sich in seiner historischen Ausprägung „vom ersten öffentlichen Auftreten Jesu, als er etwa 30 Jahre alt war" (Lk 3,23) und den 3 Jahren der Proklamation des Reiches Gottes bis zu seinem Kreuz und seiner glorreichen Auferstehung. Hier hat der Vater den „Namen" (Joh 17,12) und die Herrlichkeit des Sohnes mitgeteilt und der Sohn allen den Namen des Vaters geoffenbart, der den Glaubenden „das ewige Leben schenkt" (Joh 17,2).

Was aber ist unter einem „geistigen Leib" (1Kor 15,42 ff.) zu verstehen von dem Paulus spricht, im Unterschied zu einem ätherischen Leib oder einer im Geisterreich auf Ideen-Wolken schwebenden Seele? Paulus „nennt den Leib einen geistigen Leib, nicht weil der Leib selbst ein Geist sein wird, sondern weil er durch die Belebung des Geistes (Gottes) unsterblich und unverweslich bleiben wird."[108]

Durch die Auferstehung Christi ist der Grund gelegt für die Auferstehung aller Menschen am Ende der Welt sowie für ihre natürliche und übernatürliche Vollendung.[109] Die Unvergänglichkeit der auferstandenen Menschen wurzelt in ihrer Teilhabe an der Ewigkeit Gottes. Nicht die Gattung Mensch, die nur als Idee (oder als Mengenbegriff oder Kollektivsingular) existiert, partizipiert an der Ewigkeit Gottes, sondern jeder einzelne Mensch, der eine konkrete Person ist. Dies wird betont gegen die Vorstellung einer Quasi-Unsterblichkeit einer unendlichen (biologischen) Zeugungsreihe, in dem sich der Mensch als Gattungswesen erhalte, während das Individuum dem Tod anheimfalle.[110]

Im Status der ewigen Vollendung bleibt die Verschiedenheit der Geschlechter, die Integrität der Natur des männlichen und weiblichen Körpers.[111] Denn die Zwei-Geschlechtlichkeit ist auch Ausdruck der Weisheit des Schöpfers, der die Ordnung des Geschaffenen so disponiert, dass durch die Verschiedenheit und Entsprechung des Endlichen die ewige Schönheit Gottes aufscheint.[112] Allerdings besteht das ewige Leben nicht im Genuss der Speisen, die zum Erhalt des individuellen Lebens nicht mehr notwendig sind. Auch bedarf es wegen des Endes der Geschichte nicht mehr der Zeugung von Nachkommen, um derer willen die sexuelle Anziehung der Geschlechter besteht. „Denn nach der Auferstehung heiratet man nicht, noch wird man geheiratet, sondern die Menschen sind wie die Engel im Himmel." (Mt 22,30)

Gott selbst wird Quelle und Inbegriff aller Freude sein, die die Seele erfüllt und auch in der leiblichen Existenz ihre Resonanz findet. Das natürliche Verlangen des Menschen nach der Schau Gottes kommt in der Liebe zur Erfüllung. Der Mensch schaut tatsächlich Gott unmittelbar, aber in kreatürlicher Weise, vermittelt durch die Menschheit Jesu.

Der Mensch ersteht in seinem wahren Leib auf, nicht in einem ätherischen Gebilde. Er ist mit Brautgaben dotiert, durch die die Seele ihre hochzeitliche Einheit mit dem Leben Gottes passender vollziehen kann. Die Brautgaben der Seele sind die Schau, die Liebe und der Genuss Gottes. Die leiblichen Gaben sind: die Freiheit vom Leiden und die bestmögliche Angepasstheit des Leibes an die Seele.

Was ist unser endgültiges Schicksal?

„Wir wissen, dass Gott bei denen, die ihn lieben, alles zum Guten führt, bei denen, die nach seinem ewigen Plan berufen sind; denn alle, die er im voraus erkannt hat, hat er auch im voraus dazu bestimmt, an Wesen und Gestalt seines Sohnes teilzuhaben, damit dieser der Erstgeborene von vielen Brüdern sei. Die aber, die er vorausbestimmt hat, hat er auch berufen, und die er berufen hat, hat er auch gerecht gemacht; die er aber gerecht gemacht hat, die hat er auch verherrlicht. Was ergibt sich nun, wenn wir das alles bedenken? Ist Gott für uns, wer ist dann gegen uns? Er hat seinen eigenen Sohn nicht verschont, sondern ihn für uns alle hingegeben – wie sollte er uns mit ihm nicht alles schenken? Wer kann die Auserwählten Gottes anklagen? Gott ist es, der gerecht macht. Wer kann sie verurteilen? Christus Jesus, der gestorben ist, mehr noch: der auferweckt worden ist, sitzt zur Rechten Gottes und tritt für uns ein. Was kann uns scheiden von der Liebe Christi? Bedrängnis oder Not oder Verfolgung, Hunger oder Kälte, Gefahr oder Schwert? In der Schrift steht: Um deinetwillen sind wir den ganzen Tag dem Tod ausgesetzt; wir werden behandelt wie Schafe, die man zum Schlachten bestimmt hat. Doch all das überwinden wir durch den, der uns geliebt hat. Denn ich bin gewiss: Weder Tod noch Leben, weder Engel noch Mächte, weder Gegenwärtiges noch Zukünftiges, weder Gewalten der Höhe oder Tiefe noch irgendeine andere Kreatur können uns scheiden von der Liebe Gottes, die in Christus Jesus ist, unserem Herrn" (Röm 8,28–39).

14. Seht Gottes Zelt unter den Menschen (Offb 21,3)

Im Haus meines Vaters gibt es viele Wohnungen. Wenn es nicht so wäre, hätte ich euch dann gesagt: Ich gehe, um für euch einen Platz vorzubereiten? Wenn ich gegangen bin und einen Platz für euch vorbereitet habe, komme ich wieder und werde euch zu mir holen, damit auch ihr dort seid, wo ich bin. (Joh 14,2 f.)

„Himmel" ist die angenommene Selbstmitteilung Gottes oder die gnadenhafte Erfüllung der Sehnsucht nach Gott im Modus der Unverlierbarkeit.

Beim jüngsten Gericht sagt Christus vom Thron seiner Herrlichkeit her zu den Erlösten: „Kommt her, die ihr von meinem Vater gesegnet seid, empfangt das Reich als Erbe, das seit der Erschaffung der Welt für euch bestimmt ist" (Mt 25,34, Offb 20,11–15).

Der Mensch kann das Ziel, auf das er von Natur aus, d.h. von seinem Geschöpf-Sein her, unterwegs ist, nicht in einem von Gott verschiedenen Zustand späteren unbeschwerten Genusses geistiger und sinnlicher Freuden finden. Sein Ziel ist Gott selbst, und Himmel ist das vollständig zu uns gekommene Reich Gottes. Im Himmel trifft er Gott selbst als den Inhalt seiner Seligkeit, seines ewigen Glücks und der unaufhörlichen Freude. Und in Gott findet er sich zugleich in der Gemeinschaft aller Geretteten. Den Vollzug der Gemeinschaft mit allen Heiligen erfährt er nicht als äußeren Zusatz, sozusagen als sekundäre Quelle der Seligkeit. Gott ist die eine Quelle der alles und alle erfüllenden Liebe, die auch die sozialen Verbindungen der Heiligen untereinander wie der Nil sein Delta durchflutet. So ist Nächstenliebe nicht eine Zutat zur Gottesliebe, sondern ihre Gestaltwerdung auf den Mit-Erlösten hin. Gemeinschaft unter den Seligen widerspricht nicht der umfassenden Theozentrik und Christozentrik der Schöpfung in ihrer erlösten Gestalt. Jeder Heilige wird nur in Gott erkannt, und jede Liebe zu ihm weiß sich von Gottes Geist ausgehend und getragen und zugleich auf Gott hin ausgerichtet. Gott sieht im geliebten Menschen dann nicht einen Konkurrenten. Wir brauchten uns nicht zu sorgen, dass Gott auf uns bei zu viel Nächstenliebe eifersüchtig würde. Gott selbst ehrt seine Diener: „Wenn einer mir dient, wird der Vater ihn ehren" (Joh 12,26). Gott bedarf für sich keiner Ehrung durch seine Geschöpfe. Er verherrlicht sich selbst in seinen Taten der Schöpfung und der Erlösung, indem der Vater den Sohn und der Sohn den Vater verherrlicht in der Offenbarung der dreifaltigen Liebe Gottes.

Die Ehre Gottes ist der lebendige Mensch, das Leben des Menschen aber ist Anschauung Gottes.[113]

Dieser Gedanke liegt auch der christlichen Verehrung der Heiligen zugrunde. Sie sind nicht weitere Zentren oder Adressaten der Frömmigkeit neben Gott und Christus. In ihnen ehrt der Gläubige auf Erden die Macht der verwandelnden Gnade Gottes. Jede ihnen erwiesene Ehre, insbesondere die Anerkenntnis ihres Vorbildes, meint Gottes Ehre in ihnen.[114] Auch ihre Fürbitte, um die wir sie angehen dürfen, setzt voraus, dass alle Gnade Gottes und seine Hilfe im Alltag von ihm allein ausgeht, dass er aber manche seiner Gaben mit dem fürbittenden Gebet der Heiligen verbindet, um die sozial-mitmenschliche Dimension des Heils deutlich zu machen.

Himmel heißt Teilhabe am Leben des dreifaltigen Gottes. Im und mit dem menschgewordenen Sohn erkennen wir Gott, wie er ist, in der Anschauung seiner Wesenheit, die in den drei göttlichen Personen subsistiert. Wir lassen unseren

Willen bewegen zur Teilnahme an der Gemeinschaft der Liebe von Vater und Sohn im Heiligen Geist, der uns gegeben ist (Röm 5,5).

Wird nun aber durch unsere volle Gotteserkenntnis, die den Glauben in Anschauung und die Hoffnung in die Erfahrung der Gegenwart des Heils umwandelt, und durch unsere volle und befreite Gottesliebe das Geheimnis des dreifaltigen Gottes von uns ausgeschöpft?

Hier ist Größe und Grenze unserer endlichen Erkenntnis zu beachten, die auch dann ihrer Natur nach endlich und geschöpflich bleibt, wenn sie im Logos und im Heiligen Geist über sich hinaus erhoben wurde zu einer Tätigkeit, wozu sie aus eigener Kraft nicht in der Lage wäre. Gott hat sich in seiner Offenbarung selbst gezeigt. Er wird nach unserem Tode nicht mehr nur durch geschöpfliche Erkenntnisbilder angenommen und geglaubt, sondern er zeigt sich uns in seiner Wesenheit, durch die wir ihn erkennen und darum in der Weise des Schauens, in der wir unvermittelt seiner inne werden. Die Grenze liegt aber darin, dass wir dennoch nicht auf göttliche Weise Gott erkennen, sondern auf unsere geschöpfliche Weise. So erfassen wir Gott in der Tat als den Gegen-Stand unserer Anschauung, aber eben als unausdenkbare Tiefe seiner trinitarischen Person-Wirklichkeit.

So ist unsere Gottesanschauung zwar immer schon am Ziel, aber so, dass seine Gegenwart zugleich auch seine Zukunft ist als ein dynamisches und beseligendes, unauslotbares, geheimnisvolles Woraufhin. Wenn nun aber unsere geschöpfliche Realität durch die Menschwerdung Gottes inkarnatorisch geprägt ist und bleibt, so haben wir auch zu bekennen, dass die menschliche Natur des Logos, in die wir durch die Gnade der Teilhabe hinein verfasst sind, ewig bleibt als das Worin (Medium) und das Woraufhin (Tendenz) des Menschen auf den dreifaltigen Gott. „In Gott leben wir, bewegen wir uns und sind wir" (Apg 17,28).

Ewiges Leben ist nicht das quälende Immer-wieder einer nie endenden Zeit als Maß materieller Bewegung, sondern die vollendete und uns erfüllende Gemeinschaft mit Gott. Darum heißt die endgültige Form unseres Seins „Leben", weil es nicht nur um ein rein faktisches Existieren geht, so wie auch ein Stein existiert oder eine Eiche „uralt" wird. „Leben" meint jene innere Bestimmung eines Seienden, die ihm eine Innerlichkeit zu sich selbst, Selbsthabe und freies Verhalten auf ein anderes ermöglicht. Im höchsten Sinn kommt Leben der Person zu. Durch die beiden fundamentalen Tätigkeiten des Geistes, die Aktivität von Vernunft und Willen, erreicht die menschliche Person ihr Ziel in der Gemeinschaft mit Gott. Der Mit-Vollzug des absoluten Tätig-Seins Gottes, insofern Gott reine, wirkende Wirklichkeit ist, bedeutet erfülltes Leben im denkbar extensiven und intensiven Sinne.

Wie zwischen Gott und dem Geschaffenen ein absoluter Unterschied in der Seins-Habe besteht, so müssen Ewigkeit und Zeit als die mit Gott und der Kreatur adäquat mitgegebenen Seins-Weisen aufgefasst werden. Die absolute Identität Gottes mit sich selbst, d.h. seinem Sein und Selbstvollzug, heißt Gottes Ewigkeit. Da wir Gott in seinem Wesen, durch das er Gott ist, nicht erkennen, erkennen wir auch nicht im ureigenen Sinn, was Ewigkeit ist. Wir haben nur eine analoge Erkenntnis durch seine Wirkungen nach außen durch das Sein, in dem alle Seienden durch Partizipation ihre Existenz haben und durch den Grad der Seins-Teilhabe in ihrem Wesen bestimmt sind.

Dass sich jedes endliche Dasein durch die Verwirklichung seiner Möglichkeiten, mit denen es ja nicht identisch ist, erst zu seiner Fülle einholen muss, begründet die Erfahrung des endlichen Seins in einer Vollzugsweise, die wir die Zeit nennen. Der Vollzug des Menschen im Nacheinander der Momente ist seine Zeitlichkeit und Endlichkeit. Beim Abschluss unserer Freiheitsgeschichte im Tod können wir nicht die Seins-Weise der Zeit an sich zurücklassen. Sie verliert nur das Zerstreuende, Zerfallende, das Uneingefasste, das Zerfasernde und Zerschmelzende. Die Differenz zwischen Dasein und Wesen, zwischen Sein und Tätigkeit unserer Vermögen von Geist und Freiheit bleibt, sonst müssten wir mit Gott identisch werden. Nur in Gott fallen Sein und Leben völlig in eins. Gottes Selbstmitteilung in Christus, in der er sich in seiner Entschiedenheit für uns offenbart hat, begründet die Unverlierbarkeit unseres Seinsaktes, wodurch wir diese individuellen Menschen sind. Dennoch sind wir wesenhaft von Gott verschieden und nicht wesenhaft ewig, sondern nur ewig per analogiam et participationem. Dies aber ermöglicht auch den Vollzug unserer Vermögen des Geistes und des Willens, die als Tätige über sich hinauswirken zum personal-dialogischen Mit-Vollzug des Lebens Gottes, in seiner Selbsterkenntnis im ewigen Wort und seiner Liebe zu sich im Heiligen Geist, dessen göttlicher Name, in dem er sich offenbart, Gemeinschaft (1Kor 13,13) oder Liebe (Röm 5,5) lautet. Darin lebt der Gerettete ewig im Mit-Vollzug der trinitarischen Hervor-Gänge und Relationen der Gott-Ewigkeit.

Unser christlicher Glaube ist die Ganzhingabe an den dreifaltigen Gott in der Liebe, die der Vater Jesu Christi durch den Heiligen Geist in unser Herz eingegossen hat (Röm 5,5). Wenn wir auf Christus am Kreuz schauen, werden wir in unmittelbarer Gewissheit erfüllt von der ewigen Bedeutung eines jeden Menschenlebens. Jeder hier in unserm Kreis – Du und Ich, wir alle zusammen und jeder einzelne für sich – soll sich selbst als Person, die nach Gottes Bild und Gleichnis geschaffen ist, direkt angesprochen fühlen in seinem Leben und Denken, Hoffen und Leiden, in den Beziehungen zu seinen Liebsten und seinen Feinden, wenn Jesus sagt: „Denn Gott hat die Welt so sehr geliebt, dass er seinen einzigen Sohn dahingab, damit jeder, der an ihn glaubt, nicht zugrunde geht, sondern das ewige Leben hat" (Joh 3,16).

Es ist nicht die Liebe romantischer Gefühle oder die kalkulierte Sympathie nach der Regel des *do ut des,* aus deren Fugen der Nihilismus hervor lugt oder der Zynismus giftig hervorquillt. Die Liebe Gottes ist deshalb erlösend und neuschaffend, weil Gott nichts gewinnt und nichts verliert, wenn er sich uns im Kreuz und in der Auferstehung seines Sohnes mitteilt. Er schenkt sich uns als die Wahrheit, durch die wir ihn erkennen, und das Leben, in dem wir mit ihm eins werden. Wer nach den Maßstäben der Welt denkt und deswegen Geld und Ruhm, Macht und Luxus zu seinem Lebenselixier erklärt, der muss sich enttäuscht und entsetzt von einem Gott am Kreuz abwenden. Und wer religiös und philosophisch Gott als absolute Überlegenheit und sich selbst genügendes Denken definiert, den wird das „Wort vom Kreuz" (1Kor 1,18) als Ausdruck eines unreifen oder primitiven Gottesgedankens erschauern lassen. „Doch wir verkünden Christus: für Juden ein Ärgernis, für Heiden eine Torheit, für die Berufenen aber, Juden wie Griechen, Christus, Gottes Kraft und Weisheit. Denn das Törichte an Gott ist weiser als die Menschen und das Schwache an Gott ist stärker als die Menschen." (1Kor 1,22–25)

Angesichts der Macht des politischen und ideologischen Atheismus und der religiös begründeten Feindschaft gegen die Kirche Christi in aller Welt, scheint die Sache Christi verloren – wie einst auf Golgatha, als man Jesus verspottete mit dem zynischen Wort: „Wenn du Gottes Sohn bist, dann steig herab vom Kreuz! ... dann werden wir an ihn glauben" (Mt 27,40.42). Nach menschlichen Kriterien steht die Kirche auf verlorenem Posten.

Aber alle diejenigen, die historisch einst gegen Jesus ihre Macht über Leben und Tod ausspielten und im Laufe der

Zeiten seine Jünger verfolgten, sind heute vergessen oder stehen im schlechten Andenken und mussten sich im Gericht vor dem gerechten und doch auch verzeihenden Gott verantworten. Aber Jesus lebt. Er ist der Einzige, der auch unseren Tod überwinden und die Herzen der Verfolger für seine Liebe öffnen kann.

Darum wollen wir treu zum Kreuz Jesu stehen, auch wenn wir von den Machthabern über die Gedanken und Lebensverhältnisse der Menschen als mittelalterlich verspottet oder wenn wir innerhalb der Kirche von verweltlichten Mitchristen als unzeitgemäß und wirklichkeitsfremd bekämpft und demotiviert werden. Wir beugen allein vor dem Namen Jesu unsere Knie. Wir bekennen uns zu ihm, der gehorsam war bis zum Tod am Kreuz. „Denn Jesus Christus ist der Herr zur Ehre Gottes, des Vaters“ (Phil 2,11).

Ich sah die heilige Stadt, das neue Jerusalem, von Gott her aus dem Himmel herabkommen; sie war bereit wie eine Braut, die sich für ihren Mann geschmückt hat. Da hörte ich eine laute Stimme vom Thron her rufen: Seht, die Wohnung Gottes unter den Menschen! Er wird in ihrer Mitte wohnen, und sie werden sein Volk sein; und er, Gott, wird bei ihnen sein. Er wird alle Tränen von ihren Augen abwischen: Der Tod wird nicht mehr sein, keine Trauer, keine Klage, keine Mühsal. Denn was früher war, ist vergangen. Er, der auf dem Thron saß, sprach: Seht, ich mache alles neu. (Offb 21,2–5)

Predigt zum Abschluss der Geistlichen Exerzitien[115]

Wir haben in den Tagen dieser Geistlichen Exerzitien unser Herz und unsern Verstand geöffnet für das Mysterien der realen Präsenz Gottes: in der Schöpfung der Welt, in der Geschichte seines erwählten Volkes, in seinem Fleisch gewordenen Wort, in der heiligen Kirche, in der Eucharistie und in der Verheißung des Ewigen Lebens. Im Allerheiligsten Sakrament des Altares nimmt Christus uns durch den Heiligen Geist hinein in sein Opfer an den Vater zum Heil der Welt. Der ewige Sohn des Vaters ist in seiner menschlichen Natur die reale Gegenwart des dreifaltigen Gottes mitten unter uns Menschen. Er hat gesagt: „Wer mich sieht, sieht den Vater." (Joh 14,9) Er ist in seiner menschlichen Natur unser Weg zum Vater und in seiner göttlichen Natur ist er das Ziel als unser Leben in der Wahrheit (Joh 14,6). Er ist in seiner göttlichen Person die geoffenbarte Wahrheit. Er schenkt uns das Leben als Söhne Gottes. Seine Jünger folgen ihm nach, wenn sie den Weg des irdischen Lebens gehen und ihn – dank der Gabe der Beharrlichkeit – nicht verlassen bis zum Tag der Ankunft im ewigen Vaterhaus (Joh 14,2). Indem wir als Glieder seines Leibes unsere unterschiedlichen Charismen in Freiheit annehmen, bauen wir den Leib Christi auf, „bis wir alle zur Einheit im Glauben und in der Erkenntnis des Sohnes Gottes gelangen, zum vollkommenen Menschen, zur vollen Größe, die der Fülle Christi entspricht" (Eph 4,13).

Liebe Mitbrüder, Sie erneuern heute Ihre Bereitschaft, Ihr ganzes Sein und Leben Gott zum Opfer darzubringen. Das ist darum auch eine Stunde der Gnade für das ganze Volk Gottes. Wir sind im sakramentalen Priestertum mit allen

Gläubigen kraft des gemeinsamen Priestertums des ganzen Gottesvolkes verbunden: Denn „das eine wie das andere nämlich nimmt je auf besondere Weise am Priestertum Christi teil."[116]

Die eine, heilige, katholische und apostolische Kirche, der wir durch die Taufe und Firmung angehören und der wir als Hirten im Namen Christi dienen, ist von Gott gestiftet. Die „Pforten der Hölle" (Mt 16,18) können sie deshalb nicht überwältigen.

Aber sie besteht aus uns schwachen und sündigen Menschen. Sie befindet sich – nach ihrer menschlichen Seite hin – in einer stetigen Krise ihrer Glaubwürdigkeit. In diesem dramatischen Augenblick ahnen und fürchten wir die möglichen negativen Konsequenzen aus Skandalen. Jesus sagte zu seinen Jüngern: „Es ist unvermeidlich, dass Ärgernisse kommen." Aber er fügte auch hinzu: „Aber wehe dem, durch den sie kommen" (Lk 17,1). Es wollte uns damit erinnern an unsere individuelle Verantwortung.

Nicht der „Klerikalismus", was immer das sein mag, sondern die Abkehr von der Wahrheit und die moralische Zügellosigkeit sind die Wurzeln des Übels. Die Korruption der Lehre zieht immer die Korruption der Moral nach sich und manifestiert sich in ihr. Die schwere Versündigung an der Heiligkeit der Kirche ohne Gewissensbisse ist die Folge der Relativierung des dogmatischen Fundaments der Kirche. Das ist der wirkliche Grund der Erschütterung und der Enttäuschung von Millionen gläubiger Katholiken. In der Analyse der Ursachen der Abspaltungen von der einen Kirche Christi im 16. Jahrhundert stellte der Kirchenhistoriker Hubert Jedin (1900–1980) im ersten Band seiner „Geschichte des Konzils von Trient" fest: „Das Wort Reform verdeckte die Häresie und die entstehende Kirchenspaltung."[117]

Damals wie auch heute ist viel von Reform die Rede. Nicht die Verweltlichung der Kirche, sondern die Heiligung der Menschen durch Gott für den Dienst an seinem kommenden Reich – das ist die wahre Reform der Kirche im Geiste Christi.

Die Erlösung von der Sünde gründet in der Wahrheit, dass Jesus der Sohn Gottes ist. Ohne die geschichtliche Tatsache der Inkarnation würde die Kirche auf eine innerweltliche Weltverbesserungsagentur zusammenschrumpfen. Für unsere Sehnsucht nach Gott und das Verlangen nach dem ewigen Leben hätte sie keine Bedeutung mehr. Der Priester wäre nur der Funktionär einer sozialreligiösen Bewegung romantischer oder revolutionärer Prägung. Die Kirche gewinnt nicht an Relevanz und Akzeptanz, wenn sie der Welt die Schleppen des Zeitgeistes nachträgt, sondern nur, wenn sie ihr mit der Wahrheit Christi die Fackel voranträgt. Wir sollen uns nicht mit sekundären Themen wichtigmachen und die Agenda anderer bearbeiten, die nicht glauben wollen, dass Gott allein der Ursprung und das einzige Ziel des Menschen und der ganzen Schöpfung ist.

Denn auch eine wirkliche Gefahr für die Menschheit von heute besteht in den Treibhausgasen der Sünde und im Global-warming des Unglaubens und der posthumanistischen Negation der Gottebenbildlichkeit des Menschen und im Zerfall der Moral, wenn niemand mehr den Unterschied zwischen Gut und Böse kennt und lehrt. Der beste Umweltschützer und Naturfreund ist der Verkünder des Evangeliums und seiner ewigen Wahrheit, dass es nur mit Gott ein Überleben von Mensch und Natur gibt und zwar nicht nur limitiert und für demnächst, sondern für immer und ewig.

In der Meinung, das christliche Dogma sei nicht mehr Grund und Kriterium von Moral und Pastoral, kommt eine christologische Häresie zum Vorschein. Diese besteht darin, dass man Christus, den Lehrer der göttlichen Wahrheit, und Christus, den guten Hirten, in Gegensatz bringt. Uns hilft der gute Arzt nur mit der wirksamen Medizin zusammen. Denn es ist ein und derselbe Christus, der von sich sagt: „Ich bin der Weg und die Wahrheit und das Leben" (Joh 14,6), der auch als der Pastor bonus die Pastoral der Kirche in seiner Person ist, wenn er das Geheimnis seiner Person und Sendung offenbart: „Ich bin der gute Hirt. Der gute Hirt gibt sein Leben hin für die Schafe." (Joh 10,11)

Der ist ein wahrer Beter und Seelsorger, der mit der Liebe Gottes auf die ihm anvertrauten Menschen schaut und sich in seinem geistlichen Dienst und Christus-förmigen Lebenswandel nach dem Hohenpriester des Neuen und Ewigen Bundes ausrichtet. Der gute Hirt unterscheidet sich radikal vom Mietling, weil er mit dem Herzen Jesu die Menschen liebt. Er setzt sein Leben ein für die Herde des Herrn. Der Apostel ist „Mitarbeiter Gottes, Diener Christi, Verwalter und Ausspender göttlicher Geheimnisse" (1Kor 4,1; 2Kor 6,1). Ihm geht es nur um eines, „in voller Ehrfurcht vor dem Herrn, Menschen zu gewinnen" für Christus (2Kor 5,11).

Geistliche Exerzitien sind dann von Erfolg gekrönt, wenn wir uns froh und frei vom Apostel ermutigen lassen zur Gleich-gestaltung mit Christus: „Zieht den neuen Menschen an, der nach dem Bild Gottes geschaffen ist in wahrer Gerechtigkeit und Heiligkeit ... Ahmt Gott nach als seine geliebten Kinder und führt euer Leben in Liebe, wie auch Christus sich für uns dahingeben hat als Gabe und Opfer, das Gott gefällt." (Eph 4,24; 5,1) Amen.

Epilog

Wir haben unsere Geistlichen Übungen mit einem Gebet des hl. Ignatius von Loyola begonnen. Und wir beschließen unsere Betrachtungen über die Realpräsenz Gottes in seiner Schöpfung, in der Kirche und in der Eucharistie mit einem mystischen Gebet um die heilsame Macht der Geduld[118] der Kirchenlehrerin Theresia von Avila:

Nada te turbe,
Nada te espante,
Todo se pasa,
Dios no se muda,
La pacienca
Todo lo alcanza;
Quien a Dios tiene
Nada le falta:
Sólo Dios basta.

Nichts soll dich ängstigen,
Nichts dich erschrecken.
Alles vergeht,
Gott bleibt derselbe.
Geduld erreicht alles
Wer Gott besitzt,
Dem kann nichts fehlen.
Gott nur genügt.

Anmerkungen

[1] Ignatius von Loyola, Geistliche Übungen, übertr. u. erkl. von Adolf Haas, Freiburg 1966, 15; vgl. Hugo Rahner, Ignatius von Loyola als Mensch und Theologe, Freiburg i.Br. 1964; Erich Przywara, Deus semper maior. Theologie der Exerzitien I–III, Freiburg i.Br. 1938–1940; Karl Rahner, Ignatianischer Geist. Schriften zu den Exerzitien und zur Spiritualität des Ordensgründers: SW 13, Freiburg i.Br. 2006.

[2] Der Militärtheoretiker Carl von Clausewitz, Vom Kriege (1832), Hamburg [13]2021 definiert so: „Der Krieg ist also ein Akt der Gewalt, um dem Gegner zur Erfüllung unseres Willens zu zwingen." Das ist die sich steigernde Wechselwirkung des Bösen, das fortwährend nur Böses zeugt. Von Jesu aber heißt es: „Er stiftete Frieden und versöhnte die beiden feindlichen Parteien durch das Kreuz mit Gott in einem einzigen Leib" (Eph 2,15 f.).

[3] II. Vaticanum, Lumen gentium 8.

[4] Leo der Große, Sermo 74,2.

[5] Denzinger-Hünermann 1651.

[6] Tertullian, De resurrectione mortuorum 8, 2.

[7] Johann Wolfgang Goethe, Faust I, Szene: Nacht. In einem hochgewölbten, engen gotischen Zimmer.

[8] Vgl. II. Vaticanum, Dei verbum 5.

[9] Henri de Lubac, Le Drame de l'Humanisme athée [1943], Paris [7]1983; dt. Über Gott hinaus. Tragödie des atheistischen Humanismus, Einsiedeln 1984.

[10] Friedrich Nietzsche, Dir fröhliche Wissenschaft 125: Kritische Studienausgabe 3, hg. v. G. Colli u. M. Montinari, München 1980, 481.

[11] Friedrich Nietzsche, Nachgelassene Fragmente, 10. Juni 1887 Nr. 6: Kritische Studienausgabe 12, hg. v. G. Colli u. M. Montinari, München 1980, 213.

[12] Friedrich Nietzsche, Also sprach Zarathustra, Vorrede 3: Kritische Studienausgabe 4, München 1980, 14 f.

[13] Vgl. Thomas von Aquin, Summa theologiae III q. 60.

[14] Augustinus, De civ. Dei XI, 2.

[15] Michel Onfray, Traité d'athéologie. Physique de la métaphysique, Paris 2005; dt.: Wir brauchen keinen Gott. Warum man jetzt Atheist sein muss, München 2006.
[16] Gustav Siewerth, Das Sein als Gleichnis Gottes: Gesammelte Werke I, Düsseldorf 1975, 651–697.
[17] Karl Rahner, Geist in Welt. Zur Metaphysik der endlichen Erkenntnis bei Tomas von Aquin [1936] (= KRSW 2, Freiburg i.Br. 1996, 3–300).
[18] Martin Heidegger, Brief über den Humanismus, Frankfurt a.M. 1975, 5.
[19] Albert Einstein, Mein Weltbild, hg. v. Carl Selig, Zürich [35]2019, 12.
[20] Ludwig Wittgenstein, Tractatus logico-philosophicus 6.4311, hg. v. J. Schulte, Frankfurt a.M. [9]2019, 109.
[21] Ebd., 6.432.
[22] Ebd., 6.44.
[23] Irenäus von Lyon, Adversus haereses IV, 34, 1.
[24] Apuleius, De Deo Socratis 4, 128; vgl. Aristoteles, Nikomachische Ethik 1159a.
[25] Denzinger-Hünermann 301 f.
[26] Thomas von Aquin, Summa theologiae II-II q. 1 a.2 ad 2: „Actus autem credentis non terminatur ad enuntiabile, sed ad rem: non enim formamus enuntiabilia nisi ut per ea de rebus cognitionem habeamus, sicut in scientia, ita et in fide."
[27] Vgl. Augustinus, Questiones in Heptateuchunm 2, 73: „Multum et solide significatur ad vetus testamentum timorem potius pertinere sicut ad novum dilectionem, quamquam et in vetere novum lateat et in novo vetus pateat."
[28] Günter Biemer, Die Wahrheit wird stärker sein. Das Leben Kardinal Newmans, Wiesbaden [2]2002, 94.
[29] Ebd., 95 f.
[30] Günter Biemer u. James Derek Holmes (Hg.), Leben als Ringen um die Wahrheit. Ein Newman-Lesebuch. Darmstadt 1984, 110.
[31] Thomas von Aquin, Summa theologiae I-II q. 109 a.1 ad 1.
[32] Thomas von Aquin, Contra gentiles II cap. 3.
[33] Georg W. F. Hegel, Glauben und Wissen [1802/3] (= PhB 62b, Hamburg 1962, 124).
[34] Thomas von Aquin, Summa theologiae II-II q. 2 a.3.

35 Augustinus, Confessiones I, 1.
36 Thomas von Aquin, Summa theologiae I-II q. 113 a.9 ad 2.
37 Vgl. Karl Marx, Nationalökonomie und Philosophie (1844): ders., Die Frühschriften, hg. v. S. Landshut, Stuttgart, 1964, 246.
38 Richard Dawkins, Forscher aus Leidenschaft. Gedanken eines Vernunftmenschen, Berlin 2018, 237.
39 Gottfried Wilhelm Leibniz, Theodizee I, 8: PhB 71, Hamburg [2]1968, 101.
40 Arthur Schopenhauer, Die Welt als Wille und Vorstellung IV, 46: Werke in zehn Bänden IV, Zürich 1977, 683; vgl. Volker Spierling (Hg.), Schopenhauer im Denken der Gegenwart, München 1987; vgl. E.M. Cioran, Die verfehlte Schöpfung, Frankfurt a.M. [15]2021.
41 Neal Stephenson, Snow Crash, E-Book im Goldmann Verlag, München 2009.
42 Yuval Noah Harari, Homo Deus – Eine Geschichte von Morgen, München 2017.
43 José Granados, Theología de la creación. De carne a gloria, Madrid 2020; Alberto Frigerio, Corpo e Lógos nel Processo identitario. Il caso serio del transgenderismo: bioetica alla prova, Roma 2019,
44 Gotthold Ephraim Lessing, Eine Duplik [1778], Lessing Werke III, Frankfurt a.M. 1967, 321 f.
45 C. S. Lewis, Die Letzte Nacht der Welt, Gießen 1995, 41 f.
46 Origenes, Comment. in Matth 4, 17.
47 Jürgen Habermas, Auch eine Geschichte der Philosophie I. Die okzidentale Konstellation von Glauben und Wissen, Berlin 2019.
48 Origenes, Contra Celsum 5, 2.
49 II. Vaticanum, Sacrosanctum concilium 47.
50 II. Vaticanum, Sacrosantum concilium 7.
51 Trient, Sess. 22., Denzinger-Hünermann 1753.
52 Thomas von Aquin, Summa theologiae III q. 64 a.1 ad 2.
53 Augustinus, De Civitate Dei X, 6.
54 Denzinger-Hünermann 1739–1742.
55 Ebd. 1743.
56 Rudolf Bultmann, Neues Testament und Mythologie. Das Problem der Entmythologisierung der neutestamentlichen Verkündigung (1941), München 1985.
57 Karl-Heinz Menke, Jeus ist der Sohn Gottes. Denkformen und Brennpunkt der Christologie, Regensburg 2008.

[58] Hans Kessler, Sucht den Lebenden nicht bei den Toten. Die Auferstehung Jesu Christi in biblischer, fundamentaltheologischer und systematischer Sicht, Würzburg 1995.

[59] Gisbert Greshake/Jacob Kremer, Resurrectio mortuorum. Zum theologischen Verständnis der leiblichen Auferstehung, Darmstadt 1986.

[60] Karl Lehmann, Auferweckt am dritten Tag. Früheste Christologie, Bekenntnisbildung und Schriftauslegung im Lichte von 1Kor 15,3–5, Freiburg [2]1968.

[61] Max Weber, Vom inneren Beruf zur Wissenschaft (1917): ders., Soziologie, hg. v. J. Winckelmann, Stuttgart [4]1968, 322.

[62] Ebd., 337.

[63] Immanuel Kant, Kritik der reine Vernunft B XXX: „Ich musste also das Wissen aufheben, um zum Glauben Platz zu bekommen ..."

[64] Gotthold Ephraim Lessing, Über den Beweis des Geistes und der Kraft (1777): Lessings Werke II, Frankfurt 1967, 311: „Das, das ist der garstige, breite Graben, über den ich nicht springen kann ..." zwischen den zufälligen historischen Wahrheiten und den metaphysischen Wahrheiten. Es wäre eine Zumutung „alle meine Grundideen von dem Wesen der Gottheit darnach abzuändern, weil ich der Auferstehung Christi kein glaubwürdiges [historisches] Zeugnis entgegensetzen kann." Dies wäre der gemäß der Aristotelischen Logik ein nicht nachvollziehbarer Übergang in einen anderen Begriffsbereich: die metábasis eis állo génos (Analytica Posteriora 75b).

[65] Sören Kierkegaard, Philosophische Brocken, Kap. III. Werke V, Reinbek b. Hamburg 1967, 36–46.

[66] Tertullian, De carne Christi 5, vgl. ders., De baptismo 2.

[67] II. Vaticanum, Sacrosanctum concilium 56.

[68] Vgl. Joseph Ratzinger, Offenbarungsverständnis und Geschichtstheologie Bonaventuras: JRGS 2, Freiburg i. Br. 2009, 57–70.

[69] Ebd., 53–659.

[70] II. Vaticanum, Dei verbum 2.

[71] Ebd. 5. Dieses fundamentale lehramtliche Dokument ist im Kontext der Dogmatischen Konstitution über den katholischen Glauben „Dei Filius" des I. Vaticanums (1870) als dessen Fortsetzung zu lesen.

[72] Augustinus, De praedestinatione sanctorum II, 5.

73 Thomas von Aquin, Summa theologiae I q. 88 a.3.
74 Thomas von Aquin, De veritate q. 4 a.1.
75 Vgl. Cyprian von Karthago, De Oratione Domini 23.
76 II. Vaticanum, Lumen gentium 1.
77 Vgl. Thomas von Aquin, Summa theologiae II-II q. 81 (de religione)
78 Vgl. ebd. qq.1–27.
79 II. Vaticanum, Gaudium et spes 1.
80 Ebd. 4.
81 Dietrich Bonhoeffer, Sanctorum Communio. Eine dogmatische Untersuchung zur Soziologie der Kirche = DBW 1, München 1986, 126.
82 Ders., Gesammelte Schriften V, 23.
83 Ders., Widerstand und Ergebung. Neuausgabe hg. v. E. Bethge, München 1970, 141.
84 Martin Luther, Vom babylonischen Gefängnis der Kirche (De captivitate babylonica), in: WA 6, 560 f. Hier zitiert nach Hans Heinrich Borcherdt/Georg Merz (Hg.), Martin Luther. Schriften des Jahres 1520 (= Ausgewählte Werke Bd. 2), München 1982, 237 f.
85 Confessio Augustana 7.
86 Ebd. 7.
87 Johann Adam Möhler, Symbolik oder Darstellung der dogmatischen Gegensätze der Katholiken und Protestanten nach ihren öffentlichen Bekenntnisschriften, § 48, hg. v. J. R. Geiselmann, Köln u. Olten 1958, 482 f.
88 Thomas von Aquin, Summa theologiae III q. 26 a.1. Vgl. Summa theologiae I-II q. 112 ad 2.
89 Thomas von Aquin, Summa theologiae III q. 26 a.1 ad 1.
90 Ebd. q. 79 a.7.
91 Thomas von Aquin, Comment in Ev. Matt., ad cap 16,17.
92 Confessio Augustana 8.
93 Karl Rahner, Die ewige Bedeutung der Menschheit Jesu für unser Gottesverhältnis, in: Ders., Menschsein und Menschwerdung Gottes. Studien zur Grundlegung der Dogmatik, zur Christologie, Theologischen Anthropologie und Eschatologie (= Sämtliche Werke 12, Freiburg 2005, 258).
94 II. Vaticanum, Lumen gentium 8.
95 II. Vaticanum, Unitatis redintegratio 3.

[96] II. Vaticanum, Lumen gentium 15.
[97] II. Vaticanum, Gaudium et spes 10.
[98] Ebd.
[99] II. Vaticanum, Dignitatis humnae 4.
[100] Johannes XXIII., Enz. Pacem in terris, Nr. 9.
[101] II. Vaticanum, Gaudium et spes 41.
[102] Johannes Paul II., Enz. Evangelium vitae 2.
[103] Ebd. 3.
[104] II. Vaticanum, Gaudium et spes 11.
[105] II. Vaticanum, Lumen gentium 28.
[106] Irenäus von Lyon, Adversus haereses I, 10,2.
[107] II. Vaticanum, Gaudium et spes 36.
[108] Fulgentius von Ruspe, De fide ad Petrum cap. 29, 26. Regel.
[109] Vgl. Thomas von Aquin, Summa contra gentiles IV, 79–97.
[110] So Ludwig Feuerbach, Gedanken über Tod und Unsterblichkeit [1830]: Werke 1, hg. v. E. Thies, Frankfurt 1975, 76–349; ders., Das Wesen des Christentums [1841]: Werke 5, hg. v. E. Thies, Frankfurt a.M. 1976, 160–165 (Das Geheimnis der Auferstehung und der übernatürlichen Geburt).
[111] Vgl. Augustinus, De civitate Dei XXII, 18.
[112] Vgl. Fulgentius von Ruspe, De fide a Petrum, 3, 35.
[113] Irenäus von Lyon, Adversus haereses IV,20,7.
[114] Vgl. Denzinger-Hünermann 675.
[115] Originalfassung der in Tarnóv gehaltenen Predigt.
[116] II. Vaticanum, Lumen gentium 10.
[117] Hubert Jedin, Geschichte des Konzils von Trient I, Freiburg i.Br. [3]1977, 151; vgl. Gerhard Kardinal Müller, Der Papst. Sendung und Auftrag, Freiburg i.Br. 2017, 131–135.
[118] Santa Teresa de Jesús, Poesías: Obras completas, Madrid [5]1986, 667; dt.: Weg der Vollkommenheit: Schriften der hl. Theresia von Jesu, Bd. VI., übers. von A. Alkofer, München 1963.